A ARTE DE RECUSAR UM ORIGINAL

Camilien Roy

A ARTE DE RECUSAR UM ORIGINAL

Tradução de
Pedro Afonso Vasquez

Rocco

Título original
L'ART DE REFUSER UN ROMAN

O autor agradece ao Conselho das Artes do Nouveau-Brunswick
pela contribuição para a realização deste livro.

Direitos para a língua portuguesa reservados
com exclusividade para o Brasil à
EDITORA ROCCO LTDA.
Avenida Presidente Wilson, 231 – 8º andar
20030-021 – Rio de Janeiro – RJ
Tel.: (21) 3525-2000 – Fax: (21) 3525-2001
rocco@rocco.com.br
www.rocco.com.br

Printed in Brazil/Impresso no Brasil

CIP-Brasil. Catalogação-na-fonte.
Sindicato Nacional dos Editores de Livros, RJ.

R792a Roy, Camilien, 1963-
A arte de recusar um original / Camilien Roy;
tradução de Pedro Afonso Vasquez. – Rio de Janeiro:
Rocco, 2009.

Tradução de: L'art de refuser un roman
ISBN 978-85-325-2400-3

1. Escritores e edição – Ficção. 2. Editores e edição –
Ficção. 3. Romance francês. I. Vasquez, Pedro Afonso,
1954-. II. Título.

CDD–843
09-0027 CDU–821.133.1-3

Para Justin...

Eu gostaria de agradecer a Donald Roy por sua generosidade e seus preciosos conselhos, além de seu imenso respeito pela sintaxe. Não fosse por sua contribuição, esse livro teria sido privado de uma indispensável camada de verniz.

ADVERTÊNCIA PRÉVIA

Você acaba de repousar a caneta. Durante alguns segundos, contempla embevecido e satisfeito a última linha de seu primeiro livro. Após longos meses – ou talvez mesmo anos – de perseverantes esforços, você contempla enfim a obra concluída. Arrebatado pela euforia do trabalho realizado, você se deixa levar pela inebriante sensação do criador que admira o resultado de seu duro labor. Um conselho amigo: aproveite ao máximo esse momento divino, saboreie esses breves minutos de plenitude. Isto porque, como você descobrirá bem rápido, essa felicidade é bem mais efêmera que a vida de um mosquito desenganado.

É bom adverti-lo desde já: talvez seja melhor você jogar no lixo seu manuscrito de trezentas e tantas páginas de uma bela história de amor contada de forma magnífica, com os personagens tão cativantes que conviveram com você dia e noite durante os últimos meses. Ninguém vai querer saber de seu livro. Acredite em mim, sei o que estou dizendo. Mas, naturalmente, neste momento de beatitude, você ainda não pode imaginar isso.

Assim que você desce dessa nuvem de contentamento, tem pressa em mostrar ao mundo o fruto de seu trabalho criativo. Chegou a hora de escolher uma editora. Porque, evidentemente, você tem a ingenuidade de pensar que a escolha de uma editora depende apenas de sua própria vontade. Você vai escolher entre as melhores e de maior prestígio, entre aquelas que são capazes de consagrá-lo como um escritor importante antes mesmo de imprimir a primeira página de seu manuscrito. Você não passa de um ilustre desconhecido, mas, verdadeiro aristocrata, demonstra uma modéstia que só lhe aumenta o mérito. Para evitar que o entusiasmo gerado por seu livro provoque cenas de ciúmes e conflitos no meio literário, você decidiu limitar a escolha das editoras apenas às quatro ou cinco principais. Somente essas felizes eleitas terão o privilégio de descobri-lo e, ao mesmo tempo, de lançar sua carreira literária. A oferta que corresponderá ao tamanho de sua ambição – que está longe de ser pequena – terá o privilégio de ser aceita. Agora que as cópias do manuscrito foram enviadas pelo correio, tudo o que lhe resta fazer é esperar a boa-nova...

O tempo passa: uma semana, duas semanas... e, de repente, lá se foi um mês. Os avisos de recebimento do correio indicam que as editoras realmente receberam seu livro, mas nenhum veredicto chegou. Longe de ceder ao pânico ou ao desencorajamento, você demonstra um otimismo inquebrantável e espera com paciência. As editoras recebem centenas de manuscritos todos os meses, de modo que é preciso lhes conceder o tempo necessário para que possam analisar convenientemente todas as propostas. Além do mais, você levou meses, melhor dizendo, anos para escrever seu livro, portanto não serão algumas semanas a mais que irão desencorajá-lo. Contudo, ao fim do terceiro mês, você começa a ficar intrigado, para não dizer enervado, diante desse persistente mutismo. O que o incomoda, o que o entristece, é sentir-se privado da glória que você acreditava tão próxima. É isso que fere. Você investiu tanto na escrita do primeiro livro que é perfeitamente normal que tenha se deixado levar – a contragosto, é claro – por um pequeno pecado de orgulho. Não é preciso ter vergonha das suas ambições. Até mesmo os maiores escritores tiveram semelhantes momentos de fraqueza.

Infelizmente, a situação não se resolve. Longe disso, degenera completamente. Após seis longos meses de uma espera interminável, para não dizer angustiante, sua correspondência traz, enfim, uma resposta. Você abre o envelope com as mãos trêmulas de excitação, lê a primeira linha e, no mesmo momento, o chão se abre sob seus pés: "Caro senhor, lamentamos informar que seu manuscrito não foi selecionado..." Surpresa! Incompreensão! Certamente houve um engano. Alguém errou o endereço. Alguém se equivocou a respeito do autor. Você começa a passar mal. Fica nauseado. Lê e relê diversas vezes aquela frase e a cada nova leitura a recusa se confirma. Não há erro algum. Nocauteado e um tanto debilitado, você acaba de enfrentar a primeira recusa literária. Seu amor-próprio ficou abalado, mas você tenta manter a cabeça erguida após alguns minutos de tonteira e desequilíbrio. É preciso recuperar o controle e tentar racionalizar essa afronta. A primeira coisa que lhe vem à mente é o fato de que, para ser totalmente franco, você nunca gostou muito dessa editora. Para falar a verdade, nos últimos anos, a política editorial dela tem sido bastante discutível. Na realidade, ao recusar seu livro, eles acabaram lhe fazendo um grande favor. Publicar seu primeiro livro por uma editora tão ultrapassada não seria nada conveniente.

Como um lutador de boxe que perdeu o primeiro assalto, você assimilou os golpes, superou a dor, engoliu o orgulho ferido e retornou ao combate com a mesma garra de antes. Mas algo estranho acontece: após esse primeiro cataclismo, os desastres se multiplicam. Apenas três dias após receber aquela carta venenosa, sua correspondência começa a conspirar contra você. Desta vez não é apenas uma e sim duas cartas de recusa que chegam ao mesmo tempo para nocauteá-lo de forma ainda mais dolorosa, acabando com o resto de esperança que ainda existia em seu coração. É nesse momento que a certeza absoluta de que você seria publicado se desfaz, esmagada pelo peso da decepção.

Recuperado desta cruel humilhação, você apruma as costas, assume uma expressão determinada e envia novas cópias de seu incompreendido manuscrito para outras editoras. Desta vez você não mira tão alto, na esperança de que essas editoras sejam mais compreensivas e demonstrem maior receptividade em relação ao primeiro livro de um desconhecido. Cego pelo otimismo, você ainda não tem consciência de que acabou de iniciar uma coleção de cartas de recusa. Dentro em pouco elas serão tão numerosas que você não saberá o que fazer com elas. Acabará escondendo-as no fundo do armário para que não fiquem visíveis, lembrando-lhe de seus fracassos.

Tenho certeza de que você acha que eu exagero, que enfeito um pouco a coisa, que dramatizo e carrego nas tintas. Não pode ser tão difícil assim encontrar um editor para o primeiro livro. É isso que você pensa? Você precisa de provas? Quer conhecer todos os detalhes? Tudo bem! Leia! Ande, eu o convido. Conservei todas as vergonhosas cartas de recusa que recebi e cheguei até mesmo a elaborar um sistema de classificação simples, porém eficaz, para facilitar a consulta. Você tem recusas de todos os gêneros ao seu dispor, das mais clássicas às mais iluminadas. Há de tudo. Você irá perceber que as pessoas do meio editorial não hesitam diante de nada para recusar o manuscrito de um desconhecido. Mas, não se preocupe, pois para não desagradar ninguém – e também para evitar um processo por danos morais – eu tomei a precaução de não revelar o nome da maioria dessas pessoas, assim como das editoras para as quais elas trabalham.

Vá em frente. Leia. Tome notas, caso desejar. Coragem...

Clássico

Senhor,

Recebemos vosso manuscrito, que foi examinado com grande interesse por nossa comissão editorial. Infelizmente, cumpre-nos o doloroso dever de vos comunicar que ele não foi selecionado para publicação.

A obra que nos foi enviada não é destituída de qualidades ou de interesse, mas não corresponde às premissas de nossa política editorial. Portanto, só nos resta vos desejar mais sucesso em outra casa editorial mais apta a proporcionar à vossa obra a carreira condizente com vossas expectativas.

Nós vos agradecemos penhoradamente a confiança depositada em nossa editora e aproveitamos a oportunidade para reiterar a expressão de nossos mais cordiais sentimentos.

AGRESSIVO

O que é essa coisa que você nos enviou? Você está de gozação ou o quê? Acha que temos tempo a perder com piadas? Como é que você imaginou que nós publicaríamos uma coisa dessas? Lamento informar, mas a decisão de nossa equipe editorial foi unânime e absolutamente categórica: recusado.

Não basta querer ser escritor para conseguir, meu senhor, é preciso muito trabalho, muita disciplina e bastante originalidade. Sem esquecer que é preciso ter um mínimo de talento. Neste setor, sem querer ofender, devo dizer que o senhor não dispõe nem sequer do mínimo do mínimo. Seu manuscrito é incompreensível, e sua história de amor não tem pé nem cabeça. Nenhum leitor seria capaz de se interessar por personagens delineados de forma tão amadorística.

Desculpe-me a sinceridade, mas o ideal seria que o senhor procurasse outra atividade. Faça um favor a si mesmo: abandone a escrita enquanto é tempo.

MAL-ENTENDIDO

Meu caro senhor,

Antes de tudo, permita-me dizer: Bravo! Seu manuscrito é perfeito sob todos os pontos de vista. Eu o adorei e não fui o único. Minha esposa, Viviane, e nossa contadora, Gisele, também ficaram fascinadas. Ambas o leram com lágrimas nos olhos. Sim, devo confessar que, por julgar seu livro tão excepcional, tomei a liberdade de fazer circular seu manuscrito para que outros pudessem sentir o mesmo prazer que tive ao lê-lo. Espero que o senhor não se aborreça com isso.

No começo, senti-me um pouco perdido. Sou um entusiasta dos policiais de Simenon e devo admitir que seu estilo me deixou um tanto exasperado. Mas, ao cabo de trinta páginas, eu estava completamente fisgado: impossível largar o livro sem terminá-lo. Não resta a menor dúvida de que seu livro será publicado. Contudo, devo dizer que houve um pequeno problema de endereçamento. Seu manuscrito chegou bem ao número 20 aqui da rua Vaugirard, mas acontece que nós não somos editores. Minha esposa e eu somos comerciantes, temos uma pequena loja de utilidades domésticas. Aqui o senhor pode encontrar verdadeiramente de tudo para o seu lar, mas, no que diz respeito à publicação de livros, nós não podemos ajudá-lo. O que lamentamos muito, diga-se de passagem.

Desejo sinceramente todo o sucesso do mundo para seus livros e, caso o senhor tenha outros manuscritos disponíveis, pode enviá-los, pois os leremos com o maior prazer.

Um grande abraço.

HONESTO

Senhor,

Lemos seu manuscrito com muito interesse e atenção, encontrando nele diversas qualidades, entre as quais a adequação do estilo empregado e cenas emocionantes e comoventes. Ficamos particularmente impressionados com a densidade romanesca instilada em determinadas passagens. Existem trechos tão impregnados de força poética que nenhum leitor poderá permanecer indiferente.

Todavia, seu estilo é muito convencional, e o tratamento literário adotado carece de originalidade, de modo que não consegue fazer com que a intriga supere a dimensão do meramente anedótico. Diante disto, não nos julgamos preparados para defender seu trabalho com a indispensável convicção.

Agradecemos a confiança depositada pelo senhor em nossa editora e nos despedimos com um abraço cordial.

SEM RODEIOS

Senhor,

Para dizer as coisas com clareza e sem rodeios, após a leitura de algumas páginas de seu manuscrito, chegamos à conclusão de que nunca, jamais, em tempo algum, o publicaremos.

Solicitamos a gentileza de não incomodar no futuro os integrantes de nossa equipe de leitura com outras remessas do mesmo teor.

CONCISO

Senhor,

Lemos e não gostamos. Lamentamos, mas foi recusado.

DIRETO

Não!

SILENCIOSO

RESPEITOSO

Caríssimo senhor,

Foi com grande interesse que tomamos conhecimento do manuscrito que o senhor submeteu a nossa apreciação. Devemos assinalar que ficamos sempre muito impressionados com a quantidade de trabalho que envolve a escrita de um romance. Diante disto, nenhuma editora digna deste nome deve abusar do poder de julgamento que detém no momento de avaliar a conveniência ou não da publicação de um manuscrito. A credibilidade de uma editora depende justamente do seu empenho em defender as obras meritórias e rejeitar aquelas incapazes de corresponder aos critérios editoriais sobre os quais repousa sua orientação e os propósitos previamente definidos para nortear sua atuação.

Isso dito, lamentamos não termos tido a possibilidade de programar a edição de seu manuscrito. Malgrado evidentes qualidades, o todo não tem o alento necessário para cativar o leitor interessado numa obra dessa natureza. Agradecemos a confiança que depositou em nosso escrutínio e solicitamos que aceite a mais viva expressão de nossos melhores sentimentos.

DESONESTO

Meu caríssimo senhor,

Acabo de tomar conhecimento de seu manuscrito. Antes mesmo de ter a oportunidade de concluir a leitura, não resta a menor sombra de dúvida em minha mente a respeito da vastidão de seu talento e da magnificência de seu romance. Com efeito, teremos o maior prazer em publicar seu original assim que tivermos recebido um pequeno adiantamento para cobrir os custos costumeiros (revisão, projeto gráfico etc.). A soma em questão fica a seu critério, estando entendido, é claro, que quanto mais generoso for esse adiantamento, mais rápida será a publicação de sua obra.

Temos consciência de que essa não é uma prática muito difundida, mas não se preocupe, pois essa quantia será inteiramente reembolsada com a maior brevidade. O senhor precisa entender que a publicação de um livro é um empreendimento custoso e que nossa editora ainda é modesta. Para evitar aborrecimentos com o fisco, solicito que o senhor tenha a amabilidade de me enviar essa quantia em dinheiro vivo. Será bem mais prático assim.

Agradeço antecipadamente.

Seu amigo,

Sr. Thénardier

OFICIAL

Caríssimo senhor,

Vimos, pela presente, comunicar a decisão tomada por nossa equipe editorial no que concerne ao manuscrito que o senhor teve a amabilidade de submeter ao nosso escrutínio. Estamos plenamente conscientes do esforço e dos sacrifícios envolvidos na redação de uma obra literária, de modo que o senhor pode estar certo de que sua obra foi examinada com o profissionalismo e a competência técnica que a análise de um livro potencial exige. Infelizmente, ao cabo de longas e apaixonadas sessões deliberativas, nossa comissão editorial concluiu pela incapacidade de seleção de seu original com vistas a ulterior publicação. O senhor bem pode imaginar qual não foi nossa decepção.

Malgrado tal decisão, vemo-nos no dever de agradecer-lhe pela escolha de nossa editora, ao mesmo tempo em que aproveitamos o ensejo para encorajá-lo vivamente a persistir nos esforços criativos no campo literário.

Queira, caro senhor, tomar ciência de nossos sentimentos de estima e consideração.

TERGIVERSADOR

Caro amigo,

Irei direto ao ponto para não afligi-lo desnecessariamente, pois o senhor merece uma resposta. Seria inútil, ou até mesmo indecente de nossa parte, hesitar diante de um fato incontestável e de uma decisão irreversível.

Eu tomei conhecimento de seu manuscrito, e nossa equipe editorial deu seu veredicto. Como diz o ditado popular: a sorte foi lançada, as cartas estão sobre a mesa, e os jogos estão feitos... De que serviria enveredar por sendas labirínticas para se esquivar da verdade e não informar apenas? Uma decisão clara, precisa, límpida e definitiva foi tomada, só nos resta informá-la ao senhor. Apelar para um excesso de contorcionismo epistolar para tentar não ferir a suscetibilidade de um autor é prova de imaturidade. O senhor depositou sua confiança em nós, e efetuamos nosso trabalho com total honestidade – diria até mesmo, com diligência – e agora chegou a hora de conhecer o destino que resolvemos dar à sua obra literária. Por sinal, caso me permita, gostaria de confidenciar que aqueles que escondem a clareza de seus pensamentos por trás de piruetas verbais envoltas em excesso de polidez me exasperam ao extremo. Se tomaram uma decisão, tudo o que eles têm a fazer é comunicá-la. Simples assim. Penso ser deplorável o fato de que uma espera interminável sirva a camuflar uma decisão que possa porventura desagradar a um autor.

É preciso que o artista tenha sem mais tardar conhecimento do julgamento definitivo de um editor, para que possa saber o que se pensa a respeito de sua obra. Assim, aqui estamos nós. Antes de incorrer no risco de enveredar pelo terreno pantanoso da redundância, anunciarei sem mais tardar a decisão tomada por nossa equipe editorial. Tenha certeza, no entanto, de que essa decisão não afeta em nada as qualidades intrínsecas de sua obra. O senhor é detentor de verdadeiro talento. Isso é incontestável. Todavia, como posso dizer? Melhor saber a hora certa que avançar na incerteza.

Tenha segurança de que examinaremos seus futuros manuscritos com irrestrito interesse, assim como pode, meu caro amigo, acreditar na sinceridade de nossos sentimentos de estima. Persevere na escrita: o senhor está perto da meta.

P.S.: Ah, sim! Já ia me esquecendo... No que diz respeito ao seu manuscrito: foi recusado.

CANSATIVO

Senhor,

Estou constrangido em fazer semelhante comunicação, mas seu manuscrito é nulo. Essa história de amor impossível é de uma tristeza exasperadora. Esse casal que se une e se separa em todos os capítulos é quase insuportável. Parece que eles se entediam até mesmo quando estão fazendo amor. São do tipo de gente que não tem nenhuma alegria de viver. Por sinal, todos os personagens são tediosos e, além do mais, a estrutura do romance não tem a menor consistência. Para ser franco, é o seu texto que é ruim. A intriga – se é que ela existe – é tão fraca que é possível antecipar o desfecho desde as primeiras páginas. Como o senhor pode esperar que o leitor se interesse por algo assim? Evidente que não. O senhor fracassou. É melhor não tentar publicar esse manuscrito, porque não conseguirá. Pode acreditar no que estou dizendo. Inclusive, caso o senhor teime em continuar a escrever, faça-nos um favor: risque o nome de nossa editora de seu caderno de endereços. Depois do relatório que recebemos de nossa equipe editorial, o senhor não tem mais a menor chance; jamais será publicado por nós.

O melhor a fazer é tentar se preservar de futuras humilhações semelhantes enquanto ainda está no controle da situação. Faça um favor a si mesmo: destrua seu manuscrito.

Adeus!

OTIMISTA

Senhor,

Vamos lá, vamos lá, não fique assim. Sorria! Um manuscrito recusado, dez outros publicados. Talvez o senhor não acredite nisso agora, mas veja bem: o senhor não é o primeiro a enfrentar semelhante problema. Não é o fim do mundo. É um tanto ou quanto humilhante, sem dúvida, e o orgulho sai arranhado, mas nada que justifique fazer drama. O senhor ainda é jovem, tem talento, tem imaginação, e seus melhores textos ainda estão por vir. Sobretudo, não cometa o desatino de abandonar tudo só por causa de uma pequena recusa.

Não é que seu manuscrito seja inteiramente ruim, precisa apenas ser um pouco mais trabalhado. O ideal mesmo seria reescrevê-lo inteiramente desde o início. Isso sim! Mas isso é normal. O senhor está apenas começando e, certamente, aprenderá com o tempo. Um dia o senhor vai acertar a mão. Com certeza! Todos os elementos necessários para o sucesso estão aí, o único problema é que não estão bem alinhavados. Publicar esse manuscrito agora equivaleria a comprometer suas futuras chances de sucesso. Não vale a pena arriscar nada nesse momento. Seria prematuro. Mas o senhor tem salvação, dá para perceber desde as primeiras páginas.

Vamos lá: ânimo! Pegue a caneta, encha-se de coragem. A vida é bela e o senhor certamente conseguirá fazer coisa melhor. Entre em contato novamente conosco quando tiver escrito uma pequena obra-prima.

Amigavelmente.

INCOMODADO

Em trinta e cinco anos de trabalho no ramo editorial, nunca me deparei com um manuscrito como o seu. Como ousa chamar isso de romance?! Meu senhor, posso garantir duas coisas: o senhor não é um escritor e o senhor precisa de ajuda.

Essa porcaria que nos enviou nos chocou profundamente. Nossa casa editorial é modesta, sem dúvida, mas isso não lhe concede o direito de nos afligir com tão indigesta salada mista de frutas podres.

O senhor alimenta com certeza o mais profundo desprezo pelo idioma pátrio e pelas pessoas que se dedicam de corpo e alma ao ramo editorial, para poder imaginar ser possível sensibilizar os leitores com tamanha coleção de inépcias. Dá para perceber que sua falta de inteligência é equivalente à ausência de refinamento. O pântano pestilento que lhe serve de cérebro, e do qual o senhor extraiu a inspiração para essa nauseabunda aberração, me paralisa de desgosto. Tenho pena do senhor.

Nunca, em hipótese alguma, nós publicaremos um manuscrito tão repugnante quanto grosseiro, e o proibimos terminantemente de submeter a nós no futuro qualquer tipo de garatuja gerada em seu espírito doentio. Procure um médico para se tratar e mantenha-se o mais longe possível da literatura. O senhor não tem a mínima idéia do que seja isso e já desperdiçou papel suficiente.

VIETNAMITA

Thua ông,

Chúng tôi lây làm hân hanh báo tin cho ông là chúng tôi sẽ xuât bản bản thảo mà ông dã gủi cho chúng tôi.

Tác phâm viêt tay cúa ông rât là hay và có giá tri nên, hôi dông chúng tôi muôn tiên dân dên su xuât bán cúa tác phâm này.

Chúng tôi tin rang tác phâm này sẽ có thê duóc dich sang nhiêu hui tiêng de dên duóc nhiêu nuóc trên thê giôi vói nhiêu hy vong sẽ thành công.

Chúng tôi muôn gàp ông dê bàn vê tác phâm van chuong này.

Vì chúng tôi không kiêm duóc sô phône cuá ông nên chúng tôi không cho ông biêt duóc rang chúng tôi mong duóc có tin túc cúa ông.

Chúng tôi cám on su chú ý cua ông dôi vói nhà xuât ban cúa chúng tôi và rât mùng duóc sóm găp ông.

PARANÓICO

Senhor,

Eu não me deixo enganar tão facilmente. Desde as primeiras páginas de seu manuscrito percebi que havia alguma tramóia. O que fiz ao senhor para merecer isso? Um manuscrito assim não cai do céu todos os dias. Uma história sólida, bem construída, personagens mais reais do que os da vida real, e um perfeito domínio da escrita. Assim, desconfiei de imediato e senti a armadilha se armando em torno de mim. Sua astúcia não é muito original. Caso eu aceite publicá-lo, nós faremos todo o trabalho de revisão, de preparação de originais, de diagramação e então, paf! No último momento o senhor dá no pé e passa para uma editora maior. Pelo visto, o senhor acha que eu sou um verdadeiro babaca, mas sou profissional, tenho experiência, conheço bem meu trabalho. O senhor pensou que uma pequena editora como a nossa seria facilmente enganada? Pois bem, se deu mal. Seu plano gorou. Saquei tudo.

Isso é verdadeiramente deplorável: nos enviar um romance tão bem escrito, para nos deixar babando e depois nos arrancar o doce da boca antes mesmo que tivéssemos a oportunidade de fechar os dentes. O senhor é mesquinho, cruel e sem coração. Eu fujo de crápulas da sua espécie como o diabo foge da cruz. Seu livro fará sucesso. Quanto a isso, não tenho a menor dúvida. Mas, pelo menos, não vou lhe dar a satisfação de anunciar aos quatro ventos que o senhor se aproveitou de nós. Faça-me um favor: deixe-me em paz. Vá publicar seu livro em outra editora e deixe as pessoas honestas trabalharem.

MODESTO

Meu caríssimo senhor,

O manuscrito que o senhor teve a suprema amabilidade de submeter à nossa apreciação é nada mais que uma luz de esperança se refletindo no coração de todos aqueles que tiverem o privilégio de ler tão sublimes páginas. Que prosa! Que fôlego narrativo! E essa divina musicalidade que arrebata e inebria desde o primeiro parágrafo. É notável! Tudo é tão belo que uma vez terminada a leitura temos apenas um único desejo: começar tudo de novo desde o início. Uma coisa é certa: assim que for publicado, esse livro o tornará rico e célebre. O senhor tem uma importante carreira literária à sua frente.

É aí que reside todo o problema. Confabulei com meus colegas e estamos todos de acordo: não podemos publicar seu livro. Como seria possível a uma editora tão modesta quanto a nossa conceder tratamento à altura de uma obra-prima dessa qualidade? Sim, sim, obra-prima! Ouso afirmar alto e bom som. Nossos recursos são insuficientes para enfrentar as responsabilidades decorrentes do estrondoso sucesso que lhe é predestinado. É evidente que esse livro atravessará as fronteiras de nosso país, de modo que apenas a distribuição já representaria um problema considerável para nós. Agora, imagine o senhor todo o resto: as traduções para diversas línguas, a venda dos direitos para o cinema e tantas outras coisas que provocam até vertigem. Não. Não é possível. Nós não dispomos dos recursos necessários para enfrentar um desafio tão grande.

Agradecemos muitíssimo que o senhor tenha pensado em nós. É muito gentil e chega até a ser lisonjeiro, mas é realmente areia demais para nosso caminhãozinho.

PESSIMISTA

Senhor,

O senhor pode ter certeza de que seu manuscrito não é ruim. É bem escrito. A intriga é bem urdida e essa história de amor impossível, apesar de banal, captura a imaginação do leitor e o comove. Mas, cá entre nós: que sentido haveria em publicar mais uma história de amor? Por que se desgastar tanto para escrever um livro assim? Os maiores mestres da história da literatura já trataram desse tema antes do senhor, de *Madame Bovary* a *Anna Karenina*, passando por *Eugênia Grandet*, tudo já foi escrito a esse respeito. Digo mais: mesmo que o senhor fosse o novo Proust e seu romance fosse aquinhoado com os maiores elogios do mundo, ainda assim as vendas seriam modestas, possivelmente até mesmo irrisórias. As pessoas não lêem mais. Com o cinema, o DVD e a Internet, não há mais o que fazer, o livro já era... Ler exige tempo e esforço. O senhor conhece muitas pessoas dispostas a fazer qualquer tipo de esforço hoje em dia? Não adianta sonhar. Para fazer sucesso hoje em dia no mundo editorial é preciso publicar coisas cheias de sexo, sangue e violência. Pelo visto, a sutileza, a inteligência, o refinamento e a erudição existentes nos grandes clássicos da literatura não estão mais na moda. Não existe mais público para apreciar as coisas bem-feitas.

Não vou dizer o que o senhor deve fazer com sua vida. Mas é melhor esquecer a literatura. Com ou sem talento, só consegue sucesso nesse meio quem dispõe de bons contatos. A menos que o senhor conheça alguém bastante influente, suas chances de publicação são praticamente nulas. O senhor certamente é jovem, portanto ainda tem oportunidade de se reciclar em outra profissão. Engenharia espacial! Dizem que esse é um campo cheio de oportunidades interessantes. E, além disso, o senhor teria um salário fixo. É bem melhor que a incerteza da vida de escritor.

Lamento muito.

O senhor é cego, por acaso?

O senhor não vê a miséria ao seu redor? Não escuta os lamentos e os gritos dos milhões de seres agonizantes, estrangulados pelas mãos sujas do imperialismo dos países dominantes? O senhor tem consciência de que existem crianças passando fome? O senhor se dá conta de que existem mulheres que catam comida no lixo dos ricos, para o jantar de suas famílias? A África está morrendo, o planeta está caminhando para seu fim em virtude do jugo e da exploração desavergonhada de verdadeiros tiranos, e o que faz o senhor neste meio-tempo? Escreve romances de amor! Como o senhor pode justificar tamanha futilidade?

O escritor deve cerrar os punhos. As palavras devem servir para erguer barricadas. A prosa deve ser instrumento de mobilização para a organização da resistência contra a opressão das nações vampirizadas pelo capitalismo. Hoje em dia, somente têm o direito de pegar na pena os panfletários, aqueles que chocam, que inflamam as massas e combatem a infâmia. A época dos belos livros já acabou. Os capitalistas obesos e sem coração que se fartam na opulência em detrimento das classes operárias hão de pagar pelas injustiças cometidas. Não há necessidade de se escrever longos discursos, basta uma única palavra, escrita em vermelho nas paredes e nos muros das favelas do mundo inteiro para detonar a grande revolta dos oprimidos: LIBERDADE!

Dentro em breve, esses senhores desprezíveis serão obrigados a devolver ao povo empobrecido o pão que roubaram. Devemos destruir a máquina de triturar a dignidade humana, mas, para que isso seja possível, é preciso unificar nossa linguagem. As palavras serão nossas primeiras armas e devemos economizar munição. Assim sendo, seu manuscrito e suas historietas de amor não têm qualquer chance entre nós. Nós vamos pegar em armas e se você não tem coragem de nos seguir, saia de nosso caminho. A hora da justiça para todos se aproxima.

Viva a anarquia!

DESDENHOSO

Senhor,

Venho, pela presente, informá-lo de que nossa equipe de leitura tomou conhecimento do manuscrito que o senhor submeteu a nós. Fui, infelizmente, encarregado de informá-lo de que não temos interesse em publicá-lo. É evidente que essa decisão – por sinal, unânime – é irreversível.

Aproveito o ensejo para comunicar-lhe que os membros de nossa equipe de leitura gostariam de lembrar-lhe que nossa editora tem inegável prestígio e sólida reputação, construída em meio século de existência. Quer nos parecer que o senhor ignora inteiramente os parâmetros de respeitabilidade que norteiam nossa atividade.

Isto porque, em diversos trechos de seu manuscrito, foram detectados personagens e temas incompatíveis com aquilo que julgamos ser um livro respeitável. Entre os quais podemos salientar essa classe operária tão citada pelo senhor e que serve de pano de fundo para sua história, coisa que nos parece de inaceitável falta de requinte. Todas essas pessoas são de uma pobreza aterradora. Sem contar que as palavras empregadas pelo senhor para descrever as cenas de amor físico entre os protagonistas são de insuportável crueza, situando-se no limiar da indecência.

Deve existir certamente um público e editoras interessadas nesse tipo de literatura. Mas posso afiançar que, ao nos procurar, o senhor bateu na porta errada. Portanto, vamos tomar cuidadosamente nota de seu nome, com o intuito de nunca vê-lo associado ao de nossa casa editorial.

DALTÔNICO

Senhor,

Falando francamente, seu manuscrito nos pareceu ser uma velha e desgastada história pintada em cores desbotadas. Apesar de alguns personagens obscuros de personalidade cinzenta, o senhor não conseguiu escrever um verdadeiro romance *noir*. Como é que pretende conduzir os leitores para as trevas do mal se a ação se desenrola sob a alva luz de um sol dourado? O senhor descreve um crime sórdido, mas nem uma única gota de sangue escarlate veio manchar os purpúreos ladrilhos sobre o qual foi encontrado o cadáver já azulado pela morte. Além disso, nada mais inadequado que a escolha do ambiente no qual se desenrola a ação: a Côte d'Azur, com suas praias de areias cintilantes acariciadas pelo sensual vaivém das ondas do mar cor de esmeralda. O que pode haver de sinistro num cenário tão idílico? E, ainda por cima, o protagonista dirige um conversível vermelho e vive um romance com uma falsa loura de olhos azuis. Não, francamente! Esse é um clichê desolador.

É possível que o senhor venha a encontrar um editor sensível às tonalidades de sua prosa, mas no que nos concerne, sua palheta de cores nos deixou completamente indiferentes.

VATICINADOR

Senhor,

Acabo de concluir a leitura de vosso manuscrito e devo advertir de antemão que o que tenho a dizer poderá não vos agradar. Como já estou habituado com semelhantes questões, costumo consignar meu julgamento no papel no instante mesmo em que os elementos que me levaram a formular uma decisão ainda estão frescos no espírito. É possível que o senhor já esteja com a impressão de que vosso envio não se beneficiou de acolhida favorável. Se esse é o caso, devo dizer que vossa intuição foi correta.

As razões de minha recusa são múltiplas, mas não se preocupe, agirei com clemência. Em primeiro lugar, devo dizer que vosso manuscrito oscila, do princípio ao fim, entre o banal e o desinteressante. O que deveria ser literatura se transforma, na verdade, em poderoso sonífero. Devo reconhecer que emana de vossa prosa uma tênue musicalidade, mas, infelizmente, essa ladainha é antiquada, e o refrão é tedioso. Não pretendo arrasá-lo, porém devo dizer que raramente li um texto tão coalhado de defeitos. Que fazer? Apesar de todo o empenho, o senhor não tem talento.

Aí está! Externei o essencial de meu pensamento. O senhor é livre para efetuar novas tentativas, ou para ter o bom senso de se curvar ante meu veredicto.

LÍRICO

Na incomensurável luz da criatividade, o trovador de palavras, impulsionado por seu entusiasmo, enfrenta a noite fria e implacável para vivenciar a aventura da escrita. As palavras brotam em seu interior como a seiva na árvore durante a primavera, clamando por eclodir. Contudo, logo essa prosa tão pura, tão viva e tão crua se choca contra um muro de incompreensão. O editor, esse homem sem alma e sem coração, avalia, com o semblante indiferente, anos e anos de esforços e ri. O frágil escritor aguarda o julgamento ajoelhado diante do carrasco. É então que uma pena assassina o informa de que a criança que ele concebeu com tanto amor não verá jamais a luz do dia. A tinta que corre em suas veias não poderá deixar suas marcas sobre o papel, da mesma forma que o sangue deixa as suas sobre a mortalha.

Com o coração dilacerado, o prestidigitador de palavras se cala e recua para a obscuridade do seu mundo interior, clamando aos quatro ventos a própria infelicidade.

DESCRITIVO

Caríssimo senhor,

Às catorze horas e vinte e cinco minutos do dia 8 de julho, recebemos, por via postal, o manuscrito de trezentas e vinte e quatro páginas, impresso em papel sulfite, que o senhor nos enviou dentro de um grande envelope de papel pardo de tamanho ofício. O manuscrito estava acompanhado de uma folha de formato A4, contendo a descrição sumária de sua carreira de escritor e um resumo do romance que o senhor nos enviou para avaliação. Nossa equipe editorial, composta de cinco integrantes (dos quais três homens e duas mulheres), tomou conhecimento de sua obra e diligentemente formulou um veredicto acerca da possibilidade ou não de publicação por nossa editora. Após vinte e sete minutos de deliberação, os membros da equipe procederam a uma votação em que cada qual expressou o próprio voto com a mão erguida. O resultado final foi: um voto a favor e quatro contra. Não houve segundo turno.

Assim sendo, em consequência dessas deliberações, lamentamos informar que sua obra não foi retida para publicação, apesar de suas qualidades intrínsecas. Portanto, seu livro não integrará nosso catálogo de lançamentos, impresso em quatro cores, com tiragem de cinquenta mil exemplares, e distribuído no outono como encarte de um jornal de grande reputação. As razões que justificaram a recusa de seu manuscrito são numerosas demais para que seja possível enumerá-las na presente missiva. Todavia, caso o senhor deseje ter acesso ao relatório de leitura de oito páginas redigido pela senhorita Bescherelle, presidente de nossa equipe de leitura, basta nos enviar um envelope pré-selado e teremos o prazer de encaminhar uma cópia xerográfica do documento em questão. Assinalamos, outrossim, que temos por norma arquivar toda a correspondência da editora, visando evitar futuros mal-entendidos.

Para concluir, solicitamos ao senhor a vênia de arrolar a expressão de nossos mais sinceros sentimentos de consideração, lamentando antecipadamente todo e qualquer inconveniente que nossa decisão possa lhe causar.

ALZHEIMER

Meu caro senhor,

Escrevo para lhe dar uma importante notícia. Infelizmente, porém, minha memória acaba de me trair e não consigo lembrar a natureza exata da informação em questão. Sou editor, porém não posso imaginar o que o senhor tenha a ver com isso. O senhor seria, por acaso, um de nossos fornecedores? Para ser franco, não estou me lembrando nem sequer do seu nome. Não se aborreça. Aguarde um momentinho que já vou me lembrar. Não sei o que está havendo, mas, curiosamente, venho me esquecendo de tudo ultimamente. Todavia, não faz muito tempo, eu era capaz de recitar de cor fábulas inteiras de La Fontaine, apenas para divertir o pessoal do escritório. Não quero me jactar, mas devo dizer que eu obtinha certo sucesso. Cá entre nós, devo dizer que as pessoas subestimam o poder de sedução que as fábulas de La Fontaine exercem sobre as mulheres distintas. É bem verdade que já não estou mais em idade de me dedicar a tais joguinhos de sedução, o que não impede que eu tenha vivido meus momentos de conquistador. Foi uma grande época...

Bom! Vamos voltar à vaca fria! Por que o senhor me escreveu? Ou será que fui eu quem escreveu para o senhor? É embaraçoso. Não tenho a menor idéia. Veja bem, é muito provável que eu tenha trocado o endereço. Na minha idade, tenho andado mais distraído que tarado na praia.

Lamento tê-lo importunado. Até mais ver e até a próxima.

ILETRADO

Senhor,

Gostaríamos de agradecê-lo de nos ter havido proposto sua proposta. Ainda que nosso comitê de pré-seleção tenha emitido um primeiro julgamento positivo, nossa comissão de leitura não achou bom de recomendar a edição dessa publicação. Com efeito, ainda que esses últimos tenham achado em seu projeto uma originalidade sofisticada no tratamento da temática amorosa a nível de escrita que corresponde às exigências dos critérios de seleção recomendados pela direção editorial da editora, nós achamos melhor sugerir a você que você procure outra editora. O estado atual do calendário de nosso cronograma de produção nos ocasionaria atrasos que podem retardar e adiar, prejudicando assim os padrões de qualidade que exigimos de todas as publicações que publicamos.

Nós exprimimos nossos lamentos e lhe pedimos de acreditar, caro senhor, na certeza da qualidade de nossos melhores sentimentos.

DESALENTADO

Senhor,

Estou farto! Acabou! Cheguei ao limite. Trinta e dois anos seguidos lendo manuscritos ruins, histórias tediosas escritas por gente sem talento. E pensar que eu tinha a ilusão de que a profissão de editor fosse me fazer conhecer pessoas maravilhosas e, ao mesmo tempo, me propiciar a descoberta de grandes escritores. Como fui tolo! É preciso ser realmente muito ingênuo. Mas eu acabara de fazer trinta anos, tinha energia de sobra e estava repleto de ilusões e de esperanças. Eu já me imaginava no cenáculo editorial, discutindo estilos literários e novas tendências narrativas. Quando penso nisso, chego à conclusão de que eu era um verdadeiro babaca. Contudo, eu era realista e humilde e sabia que teria alguns anos pela frente até aprender realmente a profissão. Mas veja bem: após trinta e dois anos tentando separar o joio do trigo – se o senhor me permite essa expressão desgastada – sou obrigado a admitir que a colheita foi desastrosa. A pérola rara, o escritor desconhecido que sairia do anonimato para a fama em virtude da própria genialidade, nunca me enviou seu manuscrito. A obra-prima instantânea, imediatamente impressa em milhões de exemplares e traduzida para todas as línguas do mundo, não encontrou o endereço de minha editora. E pensar que estou há mais de trinta anos no mesmo endereço... Devo confessar que não tive sorte. Publiquei apenas alguns pequenos romances apreciados pela crítica, porém rapidamente lidos e esquecidos pelos leitores.

Não. Estou desconsolado, mas agora acabou. Vou fechar as portas. Veja bem: não é culpa sua, pois seu manuscrito não era pior que os outros. Calhou de ser a gota d'água, mas o senhor não deve considerar isso como uma afronta. É que eu preciso me reciclar antes que seja tarde demais. Estou devolvendo seu manuscrito com meus sinceros votos de sucesso. Para mim, essa história de livros chegou ao fim. Acabou. Basta!

MATERNAL

Pobrezinho! Acabo de terminar a leitura do teu manuscrito. Como dizer isso sem ferir-te? As palavras me escapam, pois detesto esse tipo de situação, mas não tenho outra escolha a não ser te informar que nós não selecionamos teu manuscrito para publicação. Sobretudo não encares isso como uma derrota, ou, muito menos, como uma rejeição do meio literário. Ainda tens um grande trabalho de escrita pela frente. Esse é o teu ponto fraco. No que diz respeito à originalidade, à psicologia dos personagens, e até mesmo à narrativa, a coisa está bem amarrada. Trata-se de uma clássica história de amor com todos os ingredientes bem dosados. O problema é o acabamento muito deficiente. Digo isso com toda a ternura de alguém que te quer bem. Não sei quantos anos tens, mas tenho certeza de que ainda dispões de tempo para aprender o ofício. Nada está perdido. Todavia, uma coisa que vais aprender bem rápido é que a literatura pode ser bastante cruel para com os primeiros livros. É como costumava dizer minha velha tia Armanda, que era bibliotecária: não existem escritores ruins, existem apenas livros ruins.

Sejas corajoso e mostra-nos do que és capaz. Volta ao trabalho. Tens talento para vencer. Tenho certeza. Beijos e muito sucesso!

De alguém que te quer bem.

FALIDO

Senhor,

Não resta a menor dúvida: o senhor fez um belo trabalho. Seu manuscrito tem estilo, ritmo, e a história de amor nele relatada é apaixonante.

Com apenas alguns pequenos ajustes, o senhor terá um livro em mãos. E, ouso dizer, um bom livro. O senhor está plenamente sintonizado com as tendências em voga e produziu uma obra bem ao gosto do público leitor atual. Bravo!

Fiquei verdadeiramente contente com o fato de que o senhor nos tenha encaminhado seu manuscrito.

Entretanto, sou obrigado a informá-lo de que nossa editora tem enfrentado sérios problemas financeiros nos últimos anos. Para ser totalmente franco, devo confessar que entramos com um pedido de falência algumas semanas atrás e temo que nossa situação seja irreversível. Apesar de termos publicado um anúncio nos jornais para comunicar aos autores – e aos credores – nossa derrocada financeira, continuamos a receber manuscritos pelo correio. Como, em virtude dessa situação, pouco tenho a fazer para ocupar meu tempo, leio esses manuscritos antes de devolvê-los aos seus autores. Chego até a anexar minhas opiniões, em virtude, sem dúvida, de uma benigna deformação profissional, o que me parece normal, após todos esses anos no ramo editorial.

Lamento profundamente não poder ajudá-lo. Só me resta reiterar meus sinceros elogios. O senhor escreveu um romance realmente bom. Um trabalho muito bem-feito.

RACISTA

Senhor,

Recebemos seu manuscrito e posso assegurar que seu livro jamais será publicado por nós. Fica evidente desde as primeiras páginas que as tendências de seu romance não são compatíveis com as idéias que nós defendemos. Não é uma questão de segregação e sim de valores, e, com toda evidência, o senhor não compartilha os nossos. Existirão decerto aqueles que nos acusarão de xenofobia ou de intolerância. Isso pouco se nos dá, pois nossas escolhas editoriais são ditadas por um rigor intelectual e moral que visa apenas a excelência e o elitismo. Sim! O senhor leu bem: elitismo! É mais que tempo de expurgar a literatura dos impostores que diluem a raça dos grandes escritores, e nossa editora assumiu a missão de fazer emergir uma nova raça superior de escritores que esmagarão sob suas botas todos esses desprezíveis risca-papéis cujos abomináveis garranchos enfeiam as vitrines das livrarias desse país.

Dentro em breve apenas a pureza reinará no meio literário, atualmente contaminado por ideais liberais e por uma excessiva abertura de espírito. A solução final foi apenas postergada. Hoje somos poucos, amanhã seremos muitos. Está próximo o dia em que existirão apenas duas possibilidades: aliar-se a nós ou perecer.

Neste meio-tempo, o aconselhamos a tomar cuidado com suas amizades...

ANALÍTICO

Senhor,

Nossa comissão de leitura examinou seu manuscrito com a devida atenção. Ainda que tenhamos apreciado algumas de suas características, não o julgamos capaz de corresponder aos nossos critérios de seleção. A razão de nossa recusa é simples, e esboçarei em grandes linhas o resultado de nossa avaliação. A primeira coisa a assinalar é o fato de que a realidade tal como descrita em seu manuscrito não é assimilável ao conjunto de circunstâncias reais que constituem a obra romanesca, pois as intervenções do narrador devem se subordinar ao conhecimento do simples fato de que esse relato é uma ficção parcialmente inspirada na realidade. Por exemplo, quando a irmã do médico relata o conflito que causou o rompimento de suas relações com o próprio pai, o senhor operou um desvio diegético incompatível com as premissas de uma polissemia. Como explorar racionalmente o potencial expressivo das palavras nessas circunstâncias? É preciso ter em mente que o que se opõe verdadeiramente ao mundo da ficção não é tanto o mundo real quanto o conceito, ou a idéia que temos a respeito da realidade. Além do mais, a alusão ao tempo que passa decorre de uma relação fictícia entre o autor e seu leitor, sendo possível afirmar que é a ficção que sai ganhando deste confronto, posto que a realidade que se lhe é oposta não é mais real que outro mundo fictício qualquer. No seu texto, todo o trecho referente à viagem de trem ilustra muito bem esse procedimento. A falsa tentativa de suicídio descrita em detalhes pelo narrador no vigésimo quarto capítulo constitui outro exemplo eloquente. Circunstância que, curiosamente, aproxima seu estilo narrativo daquele de certos autores húngaros, tal como os que foram estudados por Watt e Dumouttier em suas pesquisas.

Dito isso, quer nos parecer evidente que, neste contexto criativo ultrapassado, nos encontramos na impossibilidade de publicar seu livro. Por outro lado, nós o encorajamos vivamente a encontrar inspiração em nossa análise para efetuar o necessário aperfeiçoamento de seu trabalho de escrita.

GASTRONÔMICO

Senhor,

Acabamos de degustar o manuscrito que o senhor nos serviu. Antes de deixar a mesa, no momento em que, por assim dizer, o cozimento está no ponto, desejamos comunicar nossas impressões. Talvez seja mais correto deixar claro desde já que nosso apetite não foi saciado. Mesmo incorrendo no risco de feri-lo, devemos dizer que a prosa que degustamos não tinha consistência agradável. Em outras palavras: o texto que o senhor cozinhou não foi muito bem preparado. Não é que seja indigesto, longe disto, mas a narrativa é insossa e sensaborona. Para preparar uma história que os leitores anseiem devorar prazerosamente página após página, é preciso conhecer bem os segredos dos diferentes condimentos.

Um bom romance precisa ter, no mínimo, um personagem maduro, com físico consistente, e uma heroína, de preferência, um tanto ou quanto verde. Uma pitada de erotismo é um ingrediente indispensável para fazer salivar os corações sensíveis. Depois, basta adicionar uma generosa quantidade de bons sentimentos, sobre os quais se derrama um molho espesso, repleto de reviravoltas inesperadas. Após o que é preciso cobrir a panela e deixar a narrativa descansar algum tempo. Só então, com o devido distanciamento, é possível ler tudo desde o início para verificar se está realmente bem cozido. Essa é, acredite, a receita do sucesso.

Bom apetite e até a próxima.

DJZADO

Well, brother,

Não desejo ferir teus feelings, mas teu livro is no good. Foi bacana de tua parte, nice mesmo, pensar em nós como teus publishers, só que não vai dar. Sorry. Teu book is on the table, mas tem muitas passagens very boring, e não dá para sacar muito bem aonde você quer chegar. It's a real mess. Parece coisa feita pra gente deprimida, bem down mesmo, pior que vida de rapper ralando na sarjeta das Sin Cities da vida. Baixo-astral, brother. Se pelo menos parte da ação acontecesse nos States, a coisa ainda poderia funcionar. Isso, é claro, caso tivesse um personagem DJ que fosse o rei da night e agitasse a galera numa boa.

Take it easy brother, mas eu devo dizer que não vale a pena tentar nos enviar mais teus papers, pois ninguém aqui sacou teu lero. Teu livro é uma parada estranha, não dá sequer pra tirar um filme dele. Que mais dizer, brother? What ever, isso acontece. O jeito é meter as caras e tentar outra, porque essa não colou. Sorry!

Take care.

SARCÁSTICO

Senhor,

Ficamos muito felizes com o fato de o senhor ter pensado em nós para publicá-lo. É difícil conter a ansiedade em lhe comunicar nossas impressões. Se a qualidade de seu manuscrito é equivalente à estima que o senhor consagra à nossa editora, é de se imaginar o destino que aguarda aqueles que o senhor despreza. Não, nada de timidez! Assim que o senhor terminar um novo trabalho, envie-nos, pois nossa equipe de leitura está trepidando de impaciência para ler outra de suas "obras-primas". Esperamos, inclusive, que da próxima vez o senhor nos envie uma daquelas sagas intermináveis. Melhor ainda: escreva a continuação de *Em busca do tempo perdido*, de Proust. Prolongue ao máximo o prazer, e nossa equipe ficará extasiada. Isso os manterá ocupados durante meses a fio. Por falar nisso, acho até melhor que o senhor não faça nenhuma correção. Deixe tudo: erros de ortografia, falta de concordância, sintaxe deficiente... Não se preocupe, nos encarregaremos de todas as correções. Por que não? Nossa revisora ficará feliz em arrancar os próprios olhos na tentativa de decifrar seu dialeto. Isso será um excelente exercício para ela.

Agora, preste bem atenção: caso o senhor possa dispor de alguns minutos de seu precioso tempo para examinar nosso catálogo, perceberá de imediato que não temos um segundo sequer a perder com romances água-com-açúcar como o seu. O senhor foi realmente bastante prepotente ao pensar o contrário, mas fique sabendo que tudo tem um limite e nós pedimos encarecidamente que nos conceda o prazer de não nos enviar mais nenhum livro de agora em diante.

É realmente lastimável querer perturbar quem está trabalhando seriamente com um manuscrito que não vale o papel em que foi impresso!

POÉTICO

Tua mão trêmula escorrega sobre o papel.
As palavras, uma a uma, se engrenam sobre
a alvura da página.
Só, com total humildade, tu ofereces a verdade
ao mundo.
Eu, gélido e cruel, leio apenas umas poucas
páginas.
Sem remorsos ou piedade, saco minha caneta
vaticinadora
e ceifo com um só golpe teus mais belos sonhos.
Tu, silente e só, com o coração confrangido,
contemplas a obra ferida de morte.
Cem vezes tu abandonaras o trabalho, mil vezes
tu o recomeçaras.
Na escuridão da noite, tua mão hesitante
deslizava sobre o papel.
As palavras, uma a uma, se engrenavam sobre
a alvura da página.
Só, enfrentando destemido o silêncio
e a indiferença, tu trabalhavas.
Arrostando o vento da incompreensão,
tu recusas a afronta.
Apesar do coração trespassado, tu retomas
a pena.
Mais tarde, quiçá, outro, que não eu, entenderá
o canto da tua ladainha.
Tu, solitário e incompreendido, ficas com
teu texto mal-escrito.

ATORDOADO

Bom-dia, meu senhor,

Encontro-me bastante embaraçado, já que sou o encarregado de transmitir aos autores que nos enviam manuscritos as decisões tomadas pela comissão de leitura de nossa editora. Ocorre que, lamentavelmente, o documento relativo ao seu livro foi extraviado. Tenho certeza de ter recebido o envelope correspondente na quinta-feira passada, mas não tenho a menor idéia de onde ele foi parar. É verdade que eu deveria ter sido mais cauteloso e aberto de imediato o envelope em questão para tomar conhecimento do resultado das deliberações da comissão de leitura. Porém, aí é que está o problema: não o fiz. É bem verdade que, no caso dos romances de estréia, a resposta costuma ser negativa. Dificilmente sou encarregado de transmitir boas notícias. Todavia, sem o memorando perdido, fica pairando sempre uma dúvida.

Devo admitir que não é a primeira vez que perco documentos por desatenção. Que fazer? Sou distraído por natureza. Nasci assim e não posso fazer nada a respeito. É bem possível que o memorando a respeito do seu manuscrito tenha caído na rua quando desci do carro. Ou será que caiu embaixo do banco? Taí, esse é um lugar no qual não o procurei. Não se preocupe. Fique tranquilo. Vou retomar minhas buscas. Quem sabe terei mais sorte desta vez?

Quanto ao senhor, silêncio, por favor. Tenha a gentileza de não comentar o ocorrido com ninguém, caso contrário vou para a rua da amargura.

Agradeço penhorado sua compreensão e, sobretudo, sua discrição.

MANUAL DE INSTRUÇÕES

Senhor,

Agradecemos o fato de o senhor ter confiado em nós e ter escolhido nossa editora para submeter seu manuscrito. Como o senhor já percebeu, padronizamos nossa correspondência com o propósito de otimizar o trabalho. Assim sendo, para tomar ciência da decisão relativa ao original que o senhor nos enviou, basta obedecer às indicações a seguir.

Antes de tudo: muita calma. É chegada a hora de abrir o segundo envelope, aquele que contém o veredicto a respeito do seu manuscrito. Caso o senhor sinta um ligeiro mal-estar ou uma leve vertigem, tome um copo d'água, respire pausadamente e sente-se de modo confortável. Caso o senhor estiver se sentindo perfeitamente bem, pode passar diretamente à primeira etapa.

1. Abra o envelope com bastante calma, de preferência com um cortador de cartas, para não danificar o conteúdo.

2. Desdobre a carta e a leia do princípio ao fim. Recomendamos vivamente que não a tente ler a esmo, procurando detectar em meio ao texto a decisão tomada por nossa equipe de leitura. Leia tudo em voz alta, começando pelo cabeçalho de endereçamento. Essa medida visa economizar tempo, caso o senhor não seja o verdadeiro destinatário da correspondência.

3. Caso o senhor tenha seguido à risca as recomendações das etapas precedentes, agora já tem conhecimento da decisão de nossa editora a respeito da publi-

cação ou não de seu manuscrito. Em caso de resposta positiva, parabéns! O senhor está autorizado a extravasar livremente a alegria que o invade e compartilhá-la com os parentes e amigos. O consumo (moderado, é claro) de bebidas alcoólicas se justifica plenamente neste caso. Contudo, caso a resposta tenha sido negativa, passe para a quarta etapa.

4. Por medida suplementar de prudência e com o propósito de evitar qualquer tipo de confusão ou de mal-entendido, recomendamos a releitura dos três itens anteriores. Caso o veredicto permaneça inalterado, verifique novamente o nome e o endereço do destinatário, pois há sempre risco de erro. Caso essas informações estejam todas corretas, passe para a quinta etapa.

5. Antes de tudo, é de importância crucial não se deixar levar pelas circunstâncias. Devem ser absolutamente evitadas todas as ações violentas contra você mesmo ou contra qualquer dos funcionários de nossa editora. Com o objetivo de aliviar o excesso de raiva, frustração ou desencorajamento, recomendamos amassar vigorosamente tanto o envelope quanto a carta que o senhor tem em mãos. Sendo importante advertir que a opção por rasgar, queimar ou mutilar essa correspondência poderá dificultar sua leitura posterior.

6. Quando o senhor tiver superado completamente a cólera que o invadiu em virtude de nossa recusa, nós o encorajamos a considerar essa desagradável notícia não como uma derrota e sim como um acidente de percurso natural na carreira de todo escritor. Temos certeza de que seus esforços findarão por dar bons frutos. Para terminar, devemos advertir que desencorajamos o con-

sumo excessivo de álcool ou de drogas (mesmo daquelas ditas "recreativas"), com o propósito de esquecer a decepção pela recusa. Cuide bem de seu corpo. Um escritor saudável é um bom escritor.

Agradecemos sua colaboração e esperamos que nossas orientações tenham sido úteis.

SUA LIGAÇÃO É IMPORTANTE PARA NÓS

Bom-dia e bem-vindo ao nosso sistema telefônico inteiramente informatizado.

Estaremos atendendo nossas chamadas em vários idiomas. Para o francês, tecle 1, para o inglês, tecle 2, para qualquer outro idioma, digite 0. Escute atentamente e escolha uma das opções a seguir: para tomar conhecimento da decisão da equipe de leitura acerca do manuscrito que você nos enviou, tecle o número do seu telefone seguido do numeral 5.

Para que possamos atendê-lo com mais eficiência, escolha agora uma das duas opções: digite 6 para saber quais foram os motivos que levaram a equipe de leitura a tomar a decisão que tomou; para saber qual foi a decisão tomada, sem nenhuma explicação suplementar, digite 8.

Você teclou 8? Lamento! A decisão da equipe de leitura foi NEGATIVA! Seu manuscrito não foi selecionado para publicação.

Para ouvir novamente essa mensagem, tecle 9. Para encerrar a ligação, tecle asterisco... Você não escolheu nenhuma opção. Faça o favor de encerrar a ligação e não nos incomodar mais.

Muito obrigado e tenha um bom-dia!

ENOJADO

Senhor,

Essa imundície defecada pelo seu cérebro em mais de trezentas horrendas páginas está emporcalhando minha mesa de trabalho. Fiquei enojado com essa obra fedorenta e pavorosa que o senhor ousou qualificar de romance. Essa bosta gosmenta que o senhor confunde com a verdadeira literatura me causou grave mal-estar e me deixou com ânsias de vômito. Sua obsessão por tudo o que é sujo, abjeto e degradante me faz sentir medo de encontrá-lo. Felizmente, essa eventualidade é extremamente remota, posto que nossa editora jamais publicaria um dejeto dessa natureza. Essa história sórdida, repleta de personagens nojentos e imorais serve apenas para causar repulsa, não tendo o menor valor literário. Somente gente doente ou depravada poderia sentir prazer em ler as obscenidades que o senhor escreveu! Sua infância foi tão lamentável assim? Para terminar, direi apenas o seguinte: contrariamente ao que afirma Leo Ferré na canção *Poète... vos papiers!* (Poeta, vossos papéis!), cocô não é literatura.

NOTA BENE: Não se dê o trabalho de vir à editora para tentar recuperar seu manuscrito, pois nós o destruímos imediatamente na máquina fragmentadora de papéis, na tentativa de livrar nosso escritório do odor pestilento que dele emanava.

A RECUSA

PEÇA DE UM SÓ ATO

Primeira cena:

Um jovem escritor desconhecido e ingênuo submete seu primeiro manuscrito a um editor. O editor, homem de julgamentos severos, porém honestos, recusa publicá-lo.

PRIMEIRO ATO

O EDITOR:

– Senhor?

O ESCRITOR:

– Sim?

O EDITOR (peremptório):

– Estamos desolados, meu senhor, mas não podemos publicar o manuscrito que o senhor nos enviou. Acreditamos que o senhor se interessará em saber as razões que motivaram a recusa.

O ESCRITOR (arrogante):

– Precisamente. Por que essa recusa?

O EDITOR:

– Bem... Por uma razão muito evidente.

O ESCRITOR:

– Evidente?

O EDITOR:

– Sim, evidente. Veja bem: nós não publicamos mais romances. O senhor ficou surpreso? É provável que não tenha conhecimento disto, mas há cinco anos nós publicamos apenas peças de teatro. Paramos de trabalhar inteiramente com os demais gêneros literários.

O ESCRITOR (silencioso):

– ...

O EDITOR:

– Não há por que ficar embaraçado. Isso não aconteceu apenas com o senhor, mas o senhor deve compreender que não podemos publicar seu romance, mesmo reconhecendo suas boas qualidades. Não há como fugir da política editorial da casa.

O ESCRITOR (emocionado):

– Compreendo... O erro foi meu, eu deveria ter prestado mais atenção ao perfil editorial de sua empresa. Lamento muito.

O EDITOR (indulgente):

– Não há mal algum nisso. São coisas que acontecem. Caso um dia o senhor se interesse em escrever uma peça de teatro, não hesite em nos procurar. Boa sorte!

O ESCRITOR:

– Muito obrigado, meu senhor.

REINCIDENTE

Senhor,

O senhor não larga facilmente o osso. É preciso reconhecer a sua tenacidade. Todavia, quer me parecer que fomos bastante claros na última vez. Mas, caso o senhor ainda tenha algum tipo de dúvida, posso garantir que nossa equipe de leitura não se deixa enganar com tanta facilidade. O veredicto negativo que havia sido lavrado em relação ao seu manuscrito continua inalterado. Por que, então, teimar em nos reenviar essa obra? Estou curioso em saber qual foi a parte do meu "não" que o senhor não entendeu. Penso que fui bastante claro e devo dizer que sua obstinação não nos comove nem um pouco. Ao contrário, ela nos irrita e nos deixa indiferentes. Reenviar seu manuscrito, com alguns poucos retoques irrelevantes, acreditando que com isso poderíamos ser mais indulgentes em relação ao senhor, é prova de falta de discernimento e de inteligência.

Faça o seguinte em seu próprio benefício: amadureça e não repita mais esse tipo de infantilidade. Aceite o veredicto negativo e enfrente a derrota como um homem de verdade. Nunca mais nos reenvie seu manuscrito. Entendeu bem?

HESITANTE

Senhor,

Como dizer? E, no entanto, é tão simples. O senhor compreende, escrever um livro é como... Enfim, é mais complicado que isso, mas, em todo caso, existem algumas normas que precisam ser obedecidas e parece que o senhor não entendeu isso. Espere! Estou sendo inábil. Não era bem isso o que eu pretendia dizer. Vou recomeçar do início. O senhor escreveu um romance que contém alguns trechos impressionantes. Sim, alguns de nossos colaboradores chegaram a se emocionar. Bom, não seria o caso de dizer que o senhor é um gênio. Droga! Acabo de dizer outra asneira. Não pense que estou desmerecendo seu talento, longe disto. O problema não é esse, é bem diferente. Enfim, o que estou tentando dizer, procurando não ofendê-lo, é a verdade. Isso é tudo. O senhor nos enviou um manuscrito, eu não o apreciei. Simples assim: claro e preciso. O senhor já deve ter percebido que a facilidade de comunicação é o meu forte. Sou do tipo direto e franco. Vou direto ao assunto sem perder tempo com palavras inúteis.

Bom, bem, terminei. Desejo-lhe mais sorte da próxima vez. Sobretudo, não se esqueça disto: um estilo direto e preciso é o elemento-chave da prosa bem escrita.

LA FONTAINE

Caro senhor,

Como o senhor é um verdadeiro amante das letras, permita-me que eu vos conte uma fábula cuja conclusão vos diz respeito. Ela se intitula:

O ESCREVINHADOR E O EDITOR

O escrevinhador tendo trabalhado todo o verão
Encontrou-se sem um quinhão
Quando o fim de sua história chegou
Não recolheu sequer a mínima parcela
De felicitações ou de encorajamento
Correu então num momento
A chorar miséria na porta do vizinho
Editor de profissão ao qual pediu
Crédito para pão e vinho
Até que a nova estação chegasse
A edição de seu fraco manuscrito sugeriu
Prometo pagar-lhe com meu grande sucesso
Antes de agosto chegar, minhas contas vou acertar
Pago juros e correção, para não ficar na precisão
O editor não se deixou impressionar
Para ele dinheiro deve se ganhar e não emprestar
Perguntou então ao autor o que fizera ele no verão
– Noite e dia, escrevi sem cessar
Respondeu o escrevinhador ao cruel editor
– Escreveu sem parar e também sem pensar
Agora pegue sua pena e trate de recomeçar...

FRUSTRADO

Escute, senhor,

Não pretendo vexá-lo, mas seu manuscrito é ruim. É longo, tedioso, banal e, ainda por cima, ninguém trepa nessa história. É nulo! Milhões de livros iguais a esse são publicados todos os anos. No que diz respeito à originalidade, a coisa está feia. Mas não se preocupe, o senhor acabará encontrando alguém para publicá-lo. Isso porque as pessoas entram nas livrarias e dizem: "Bom-dia. Vou entrar de férias e gostaria de ler alguma coisa leve e agradável. O que o senhor me sugere?" Então, sem recuar diante de qualquer baixaria para encher a caixa registradora, o livreiro empurra para o infeliz uma bobagem qualquer do tipo que o senhor escreveu. Romances para um fim de semana, rapidamente lidos, rapidamente esquecidos.

Creio que o senhor já deve estar imaginando o que eu penso que o senhor deve fazer com seu livro... Esse tipo de literatura comercial já ocupa lugar demais nas livrarias, por sinal, quase todo o espaço disponível. Então, faça-me um favor, vá tentar em outra editora.

Adeus!

ACUIDADE AUDITIVA

Caro senhor,

Em meio a toda a ruidosa cacofonia daquilo que é editado hoje em dia, sua voz não foi ouvida por nossa comissão de leitura. O senhor pode ter gemido, gritado, sapateado de raiva, mas nós permanecemos surdos ao ranger de dentes de suas reclamações e aos balidos de seus lamentos. Recusamos seu manuscrito sem rufar de tambores nem toques de clarim. Todavia, como a humilhação dos autores não é um dos defeitos de nossa editora, deixe-nos brindá-lo com alguns conselhos práticos.

Caso deseje realmente escrever, fuja do estrépito e da poluição sonora das grandes cidades. Refugie-se em meio ao silêncio, ao farfalhar de folhas e ao gentil sussurro dos ventos num canto perdido de uma floresta, longe de tudo e de todos. Deixe que a inspiração murmure em seu ouvido as boas palavras da verdadeira prosa, da grande prosa, tão inebriante quanto a música. Silencie o quanto antes o canto de sereia do sucesso fácil. Escute sua voz interior, aquela da qual cada nota compõe sua própria sinfonia literária.

Vamos lá, coragem! Abandone sem remorsos os acordes medíocres das canções barulhentas, sempre fadadas a desaparecer em meio ao clamor dissonante da mesmice e do ostracismo.

PSICANALÍTICO

Senhor,

Acusamos o recebimento de seu manuscrito. Nós o analisamos atenta e escrupulosamente, mas, infelizmente, ele não nos pareceu adequado para publicação. Deseja saber as razões desta impossibilidade? Em primeiro lugar, a estrutura interna que sustenta a carpintaria do "eu" do protagonista é, do ponto de vista estritamente psicanalítico, alucinada. Emanam claramente desse protagonista um desequilíbrio e uma hostilidade latente que penetram no íntimo do leitor, suscitando nele um impulso de indiferença. Ao repudiar inconscientemente os atos do protagonista, o leitor corre o risco de abandonar a leitura, diante da dificuldade de superar ou sublimar as tensões internas que o dilaceram. Encontramos, na literatura médica, diversos casos análogos. Em seu texto, os fatores emocionais do apaixonado adquirem importância primordial, e a complexidade das patologias que isso pode implicar é de tal ordem que mesmo os leitores mais experientes se arriscam. O equilíbrio afetivo deles poderia – veja bem, digo, *poderia* – ser profundamente afetado. Esse mecanismo de defesa é uma reação normal. Por outro lado, do ponto de vista editorial, as raízes profundas e degeneradas que sustentam esse tipo de narrativa deixam pressagiar um prognóstico bastante pobre no que diz respeito ao quesito vendas. O que implica dizer que seríamos irresponsáveis ao avalizar seu manuscrito publicando-o. Repetimos: uma grande parcela do público estaria em perigo. Acreditamos que o senhor não tenha consciência do perigo constituído pela caneta no momento da escrita do livro, mas nem por isso o fato pode ser ignorado: seu manuscrito é uma ameaça que deve ser evitada.

Creia, caro senhor, na expressão de nossos melhores sentimentos quando o encorajamos a consultar sem mais demora um profissional do campo da saúde mental.

PAPO-FURADO

Caríssimo senhor,

Lemos com grande interesse o manuscrito que o senhor submeteu a nós com vistas a uma possível publicação.

Infelizmente, blá blá blá blá blá blá blá blá blá blá blá blá blá blá blá blá blá blá blá blá blá blá blá blá blá blá blá blá blá blá blá blá blá blá blá blá blá blá blá blá blá blá blá blá blá blá.

Solicitamos que o senhor acredite na expressão de nossos mais sinceros blá blá blá blá blá blá blá blá.

INTERROGATIVO

Caro senhor,

Se o senhor submeteu a nós um manuscrito, é porque deseja ser publicado?

Estou certo? Diga-me se estou errado? E, naturalmente, o senhor gostaria de receber nossa resposta o mais rapidamente possível? Por que esperar? O senhor está preparado? Então aqui vai: seu manuscrito foi recusado. Isso o entristece? Talvez o senhor esteja até mesmo um tanto vexado? Não se preocupe, isso é normal. O contrário é que seria estranho, o senhor não acha?

Essa recusa não o fará abandonar a escrita? Vamos lá, o senhor está brincando? É preciso continuar a escrever. O senhor me promete? "O futuro pertence àqueles que perseveram." O senhor conhece esse ditado? Ânimo e sucesso. E, sobretudo, não fique se questionando muito.

APRESSADO

Bem! Senhor, é inútil perder seu tempo e o meu, é melhor acabar logo com isso. Recebi seu manuscrito anteontem, o li (parcialmente) ontem, e hoje comunico que não pretendo publicá-lo. Eu sei, eu sei, é um pouco duro receber a notícia assim de chofre, mas o que o senhor quer, esse é o meu jeito. Queira me desculpar, mas as fórmulas de polidez, as firulas do tato, as evasivas das meias palavras constituem o tipo de cretinice que não faz parte do meu repertório. De qualquer forma, mesmo se eu me preocupasse em dourar a pílula, isso não mudaria em nada o que tenho a dizer. Uma má notícia é sempre uma má notícia, e é quase imoral procurar escondê-la atrás de belas palavras. Eu, pessoalmente, prefiro que me digam logo as merdas que têm a me dizer na lata, sem rodeios.

Bem, isso é tudo o que eu tinha a dizer. Perdoe-me a brevidade da mensagem, mas tenho trabalho à minha espera.

Obrigado, boa sorte e até a próxima.

No fim do verão de 1631, Horácio Musse, cujas inteligência e facilidade de aprendizado eram admiradas por todos na aldeia, tomou uma decisão irreversível. Bem-dotado tanto para as letras quanto para as cifras, ele poderia ter se tornado comerciante e enriquecido como o pai, mas tomou outra decisão, decepcionando profundamente o progenitor. Antes de deixar a casa paterna, mal conseguindo conter a arrogância juvenil, disse ele: "Pai, mãe, desde que nasci minha cabeça transborda de histórias. Agora me tornei um homem, é chegada a hora de passar para o papel todas essas histórias que carrego dentro de mim. Vou deixá-los e me instalar na cidade de Youtte para começar a trabalhar, sem mais tardar. O livro que trago em mim é grandioso e as pessoas virão de longe para procurar meus conselhos." A mãe, comovida, o beijou sem dizer palavra. O pai, com o dorso vergado pelo peso de toda uma vida de sacrifícios e duro labor, não conseguiu conter as lágrimas de infelicidade. Diante do orgulho insensato do filho, só pôde lhe oferecer essas palavras: "Vá, meu filho, tal é o teu destino."

Assim como havia desejado, Horácio encontrou na cidade de Youtte uma mansarda para se instalar em meio à paz e ao silêncio. Todo seu mobiliário era constituído por um catre, uma cadeira e a mesa sobre a qual repousava um castiçal. Nos dez anos seguintes, ele escreveu sem descanso os contos e as lendas que haviam povoado sua imaginação havia longo tempo. Sobrevivia graças a pequenos trabalhos e até mesmo de esmolas, para ter condições de consagrar todo o seu tempo à escrita.

Apesar da pobreza, do frio que o açoitava no inverno e do calor que o sufocava no verão, Horácio nunca duvidou do próprio talento e do valor de sua escrita. No outono de 1641, Horácio escreveu a última linha de seu último conto.

No dia seguinte, cansado, mas satisfeito com a missão cumprida, ele levantou-se cedo, reuniu seus parcos pertences e rumou para a cidade grande. Ao cabo de onze dias de marcha, bateu à porta do templo mais antigo, para encontrar um sábio. Seu manuscrito foi entregue ao sábio e Horácio foi informado de que deveria voltar em sete dias, à mesma hora. Durante sete dias e seis noites, Horácio esperou pacientemente pelo veredicto. Quando o prazo terminou, bateu de novo à porta do templo, onde já era esperado. Persuadido de que seus escritos houvessem agradado, ele sentou-se diante do sábio, pronto a receber os cumprimentos e as felicitações. Foi grande a sua surpresa.

O velho sábio devolveu o manuscrito a Horácio, mas não se deu o trabalho de sentar-se com ele, pois o que tinha a dizer era breve. Acariciando a longa barba branca com a mão trêmula, declarou, com a voz doce e isenta de qualquer condescendência: "Você gastou dez anos de sua vida para escrever suas lendas. Um conselho: gaste outro decênio para reescrever sua obra. Quando todas as palavras forem despidas da vaidade e da pretensão que as envolvem, talvez você tenha em mãos um manuscrito que tocará o coração daqueles que o lerem. Os homens contam histórias de amor desde tempos imemoriais. Você escolheu a estrada mais trilhada, deixe que seus personagens enveredem pelas sendas menos palmilhadas. As mais belas maçãs se encontram com frequência nos galhos mais altos da macieira. Você não correu nenhum risco e seu esforço foi insuficiente. Retome o trabalho com isso em mente: você tem o talento e a disciplina de um escritor, faltam-lhe apenas humildade e coragem para olhar um pouco mais além do horizonte. Creio que esse primeiro fracasso possa lhe fornecer essas qualidades em quantidade suficiente."

MINIMALISTA

Senhor,

Seu manuscrito foi recebido, lido e avaliado por nossa equipe de leitura. Sua envergadura romanesca, seu estilo, sua originalidade e suas qualidades literárias não nos agradaram. Seu esforço foi honesto, e o trabalho despendido, evidente, mas faltou paixão. As cores são baças, o alimento, sem sabor, e a psicologia dos personagens, rasa.

É pena, lamentamos, mas não podemos publicar seu livro.

DURASIANO[1]

Muito rapidamente ao ler seu manuscrito, compreendi que era tarde demais. Sim, tarde demais. Sua história não existe. Você escreve, escreve bem, mas essa história de amor que tentou contar não existe mais. Essa mulher, tão jovem, tão bela, já morreu há tempos. Você não sabe disso. Mas eu, lendo, compreendi de imediato. Não é culpa sua, pois ninguém pode entender isso. Não perca mais tempo. Não existe uma razão verdadeira. As coisas são assim, isso é tudo. Essa sensação de morte, de quebra de ritmo e de palavras, é brutal. Fui violentada ao ler seu livro. Fui atingida como que por uma bofetada que marca a pele. E se eu insistir, se resistir às palavras, elas findarão por me matar. Assim, sem mais nem menos, sem qualquer motivo. Eu sou como essa mulher do manuscrito que ama demais. O amor a matou. O amor nos mata a todos.

Pegue seu manuscrito e queime-o. Queime-o para que não reste o menor vestígio dele. Faça isso por mim, por você. Eu suplico. Ao lê-lo assim, como eu o lia, imersa na solidão, existem riscos. Eu me arrisquei. Você ainda tem chance de fugir. Fuja imediatamente da loucura e não olhe mais para trás.

[1] Em referência à escritora francesa, nascida na Indochina Francesa (atual Vietnã), Marguerite Duras (1914-1996). Diversos livros de sua autoria foram publicados em português, entre os quais: *O amante*; *Olhos azuis, cabelo preto*; *Dez horas e meia numa noite de verão*; *Escrever*; e *Uma barragem contra o Pacífico*. (N. do T.)

TELEGRÁFICO

RECEBEMOS MANUSCRITO [PONTO] COMISSÃO DE LEITURA TOMOU CONHECIMENTO DO CONTEÚDO [PONTO] PUBLICAÇÃO NÃO RECOMENDADA [PONTO] REPITO: PUBLICAÇÃO NÃO RECOMENDADA [PONTO]

ASSINADO: COMISSÃO DE LEITURA.

PREGUIÇOSO

Eu sei, já faz tempo que recebi seu original. Eu não me havia esquecido dele, mas tenho andando meio cansado ultimamente. Não dá para acreditar. Apesar de minha indisposição, consegui ler algumas páginas do seu texto. Sua história é um pouco longa demais. De qualquer maneira, quer a gente leia dez páginas ou duzentas, dá no mesmo. Quando se tem faro, bastam algumas poucas linhas para ter uma idéia da qualidade de um texto que nos é enviado. Não se trata de preguiça intelectual e sim de intuição. Bom! É melhor dizer logo que nós não selecionamos seu original para publicação.

Seu romance não é ruim, mas, veja bem, publicar uma maçaroca dessas implicaria um tempo enorme e um considerável esforço de revisão e de preparação dos originais. Seria preciso examinar tudo desde o princípio e, com minha saúde debilitada, isso equivaleria a afrontar a morte. Para você ter uma idéia, sou obrigado a fazer duas grandes sestas por dia para conseguir enfrentar a jornada de trabalho. Com minhas costas detonadas e a vista enfraquecida, isso não seria recomendável. Além do mais, o inverno está próximo e minha artrite já está começando a me pregar peças. Assim sendo, prefiro enviá-lo a outro editor. Tente encontrar um editor mais jovem e com boa saúde, e, assim, você poderá ter sucesso em sua iniciativa. Agora, me dê licença, pois tenho que me deitar um pouco, caso contrário acho que meu coração vai pifar.

Até a próxima!

SINDICALISTA

Senhor,

Tenho em mãos uma cópia do seu original. Ainda que num primeiro momento sua bela história de amor tenha atraído minha atenção, lamento informar que não poderei encaminhá-la à nossa comissão de leitura, como gostaria. Em solidariedade aos meus companheiros gráficos (do Setor 1313) que votaram em massa a favor da greve, devo respeitar os meios legais de pressão escolhidos pelos representantes sindicais. Gostaria de poder consolá-lo, dizendo que assim que esse conflito fosse resolvido poderíamos retomar a avaliação do original. Infelizmente, a situação é muito delicada. Tendo em vista a obstinação dos patrões em não se curvarem diante das nossas exigências, essa greve corre o risco de se eternizar. Essa atitude da administração é intolerável. As reivindicações dos gráficos (quatro semanas de férias e a garantia de 8% de aumento salarial pelos próximos cinco anos) são perfeitamente razoáveis. Mesmo porque vantagens similares foram concedidas, sem a menor hesitação, aos funcionários do departamento de marketing. Diante disso, aproveito a oportunidade para solicitar que você apoie a luta de nossos irmãos grevistas abstendo-se de comprar qualquer um dos produtos fabricados por nosso grupo empresarial.

PATERNALISTA

Meu rapaz,

Se eu me dou o trabalho de escrever para você é porque lhe quero bem. Todavia, tenho a impressão de que você não irá gostar do que tenho a dizer. Adivinhou? Seu original foi recusado. Mas não fique assim, pois isso não significa nem o fim do mundo nem o fim de sua carreira literária. Recusei seu original para seu próprio bem. Sim! Sim! Para seu próprio bem. Seu estilo denuncia sua juventude. Tenho certeza do que digo, pois já estou no ramo editorial há quarenta anos. Acredite em mim, já vi de tudo. Você se esforçou honestamente e trabalhou bastante. Quanto a isso não há a menor dúvida. Mas, infelizmente, o resultado final deixa a desejar. É morno e sem graça. Não é ruim, mas é destituído de verdadeiro valor literário. Sei que estou partindo seu coração, mas pelo menos estou sendo franco. Você não é mais uma criancinha e precisa encarar a verdade de frente.

Vamos lá, meu rapaz, arregace as mangas e recomece o trabalho. Você é capaz de fazer melhor, bem melhor.

PORNOGRÁFICO

Senhor,

Recebemos seu original, mas, infelizmente, ele não faz nosso gênero. Creio que você foi mal informado a respeito dos autores que preferimos. Você escreve bem, sua história é bem amarrada, mas não se pode dizer que a galera trepe em seu romance. Esse casal que você descreve com tanta minúcia, por que eles nunca ficam pelados? Por que tanto recato? Medo da censura? Você fica incomodado? O que é isso? Serei bastante claro: falta foda em sua história. No começo, tudo bem, é preciso contextualizar a narrativa, apresentar os personagens, organizar as coisas. Tudo isso é normal e tolerável. Mas ao cabo de vinte páginas, esse tipo de coisa se eterniza sem razão. Em termos de conteúdo erótico, você poderia ter feito algo melhor que esses longos beijos na praia, sobretudo porque existem diversas oportunidades propícias. Por exemplo: no décimo terceiro capítulo, quando há a pequena festa de aniversário de Karine, por que não encerrá-la com uma boa suruba, envolvendo todos os convidados? Isso seria perfeito. E a irmã de Karine, aquela que é um tanto ou quanto depressiva, eu, pessoalmente, a transformaria numa ninfomaníaca insaciável. Seria interessante se ela transasse com todos os personagens do livro, tanto com os homens quanto com as mulheres. Isso sim é que seria uma boa virada! O que você acha que os leitores procuram quando compram livros? Você não sabe? Pois bem, vou dizer: esses pobres leitores solitários que queimam as pestanas deitados em suas camas querem sacanagem! Sim, senhor, sacanagem! Querem bundas, tetas e picas duras como ferro prontas para mergulhar nas delícias de uma entrecoxa bem quente. Não há nada de obsceno nisso, é puro erotismo, apenas isso.

Você é livre para fazer o que bem entender, mas vou lhe dar um conselho: se você não se sente confortável com a nudez, se isso o choca e se você se sente incapaz de escrever o gênero de história capaz de agradar nossos ávidos leitores, inútil nos enviar outros originais. Nós não somos a editora que lhe convém.

Adeus e boa sorte.

XIZADO[2]

Xenhor,

Acuxamos o recebimento de xeu manuxcrito. Infelizmente, ele não foi recomendado para publicação. Goxtaria de aproveitar a oportunidade para xamar xua atenção para uma curioxidade de xua excrita que torna algumas paxagens difíceis de ler. À página xexenta e xete, por exemplo, o xenhor excreveu: "Xempre xonhei em xentarmos em xilêncio xob a xombra da xelvática xebe do xolar de Xanta Xalete e xentirmos xubir em noxo xeio o xumo do amor xacralizado pelo Xol." Francamente! Leia ixo em voz alta e o xenhor dará um nó na língua. O excritor é o xenhor, de modo que pode fazer o que dexejar, contudo, confexo que tive que xaltar diverxas paxagens por puro canxaço.

Muito obrigado por ter penxado em noxa editora e boa xorte em xeus projetos futuros.

[2] O título original é "Zézaiement" e o autor troca os "s" e os "j" pelo "z", brincando com o defeito de pronúncia conhecido por essa designação. Diante da impossibilidade de tradução adequada para o português, a opção encontrada foi a de evocar a língua do "xis" da apresentadora Xuxa, que também lembra um pouco o chiado típico do carioca. (N. do T.)

DEPRESSIVO

Senhor,

Recebi seu original há meses, mas as coisas andam tão mal para mim que eu o devolvo sem ter sequer conseguido passar da metade. Veja bem, depois que meu filho abandonou a faculdade para se dedicar inteiramente a uma bizarra seita religiosa e que minha mulher me abandonou por um colega editor (bem mais jovem que eu, é claro), nada mais me interessa. Para que continuar vivendo quando o céu parece cair sobre minha cabeça a cada dia que passa? Na minha situação, publicar uma história de amor como a sua me parece impensável. É preciso esquecer isso. Não tenho mais estômago para ler essas histórias de casais que continuam se amando mesmo na adversidade, quanto mais para publicá-las. Tenho dito cá com meus botões que a vida é mesmo uma merda. Perdoe-me, não quis ser vulgar, isso me escapou sem querer. O senhor percebe a que ponto cheguei? Falar desta forma com pessoas que não me são íntimas... É deprimente. Sobretudo pelo fato de estar incomodando o senhor com meus problemas pessoais. É triste, mas todo mundo começa a me evitar, até mesmo os amigos mais chegados, que, por sinal, nunca foram muito numerosos. Essa é a história da minha vida, a de um fracassado, de um marido desprezível, de um editor de terceira categoria, enfim, de um sujeito feio e triste. Nem precisa dizer nada, sei que é um belo retrato...

Bom! É melhor eu me calar e ir para a cama. Pelo menos enquanto estou dormindo não incomodo ninguém. Meus cumprimentos e boa sorte com seu livro.

FURIOSO

Senhor,

A resposta é NÃO! NÃO! NÃO! Creio que fui claro. Basta. Inútil insistir, pois nunca reconsidero uma decisão tomada. Seu original não nos interessa. Nem pensar em publicar uma coisa dessas. Começo a ficar irritado com essa montanha de originais que vai crescendo sobre minha mesa de trabalho sem que um único deles seja capaz de se destacar do conjunto. São todos igualmente péssimos. Uma coleção de chavões sem graça, histórias mal alinhavadas e personagens mais tediosos que a chuva numa tarde de domingo. Esse é o tipo de coisa que é despejado às toneladas sobre minha mesa. E o seu original, meu senhor, é do mesmo gênero. O que foi que eu fiz para merecer isso? O senhor quer me matar ou o quê? Porra, já estou de saco cheio dessa bosta de função de editor. Já estou até pensando em mudar de profissão e virar lixeiro. Por sinal, com o tipo de coisa que tenho lido nos últimos tempos, acho que já estou quase lá. Isso não pode continuar assim, caso contrário vou cometer uma loucura. Não estou de brincadeira, estou falando sério. Então, anote bem o que vou dizer: não quero mais saber de seus originais. A.C.A.B.O.U! Acabou! Entendeu bem? Creio que não será preciso fazer um desenho explicativo. Estou devolvendo esse original e nunca mais quero ver outro de sua autoria. Deixe-me em paz!

POETA

Senhor, recebemos vosso manuscrito.
Com desagrado o recusamos, foi fatalidade.
O senhor pode se lamentar, mas vos suplico.
Encare o fim com dignidade.

É pena, não haverá publicação.
Coragem, não tema recomeçar.
Verá que desta feita a recepção
Será melhor e sem problemas.

Senhor, em nome da comissão de leitura,
Nós o saudamos e desejamos a melhor
Das sortes. Não diga adeus à escrita.
Não cometa tal erro, siga sua dita.

AVISO DE RECEBIMENTO

Senhor,

Comunicamos a recepção de vosso manuscrito. Tenha certeza de que este será lido e de que vosso trabalho será analisado com a mesma atenção e o mesmo respeito consagrados a todos os novos autores que ambicionam ser publicados por nossa editora. Nossa comissão de leitura sempre se empenha em realizar o trabalho com grande celeridade. Contudo, a quantidade de originais que recebemos todas as semanas nos obriga a levar vários meses antes de dar uma resposta definitiva. Assim sendo, solicitamos um pouco de paciência na expectativa de vossa carta oficial de recusa.

Agradecemos a escolha de nossa editora e vos enviamos, caro senhor, a expressão de nossos melhores sentimentos.

Senhor,

É com o sentimento da mais profunda tristeza que desejamos vos comunicar o desaparecimento de toda e qualquer esperança de publicação do original que o senhor nos enviou para avaliação. Ao cabo de longo e corajoso confronto com nossa comissão de leitura, esgotado, vosso texto sucumbiu, exalando um suspiro final com grande serenidade. Gostaríamos de expressar nossas mais profundas condolências. Ao desaparecer, vosso manuscrito deixa enlutados uma carreira abortada, um futuro incerto e um sucesso dos mais modestos. Ele foi precedido na morte por uma peça de teatro, um volume de poesias, seis novelas eróticas e três outros textos que jamais serão publicados.

Reiteramos a expressão de nossos sentimentos de condolências e enviamos nossos sinceros votos de coragem para atravessar com dignidade essa difícil provação.

Vossos sentimentos de adesão podem ser expressos por meio de uma doação efetuada para uma biblioteca pública de vossa livre escolha.

CONTAMINADO

Senhor,

Acabáramos de receber seu original e os quatro integrantes de nossa comissão de leitura haviam se instalado confortavelmente na pequena sala de leitura situada na parte dos fundos de nossas dependências para ler sua obra e aquilatar seu valor. De repente, um dos membros de nossa comissão confessou embaraçado que sentia forte comichão nas mãos. Sem levá-lo a sério, os outros três não lhe deram muita atenção e chegaram até mesmo a fazer brincadeiras a respeito. Mas havia um mau augúrio no ar. Poucos minutos depois, outro membro da comissão se queixou dos mesmos sintomas. O senhor adivinha o que veio depois? Em menos de uma hora, os quatro homens estavam se coçando como loucos. Quando foram se aliviar, foi outra parte de seus corpos que passou a arder em fogo. Em determinado momento, o senhor Casterman, venerável ancião de oitenta e oito anos, entrou em tal estado de desconforto e desespero que se viu forçado a arrancar todas as roupas na tentativa de atenuar a violência das coceiras. Foi a cena mais vexatória de toda a existência do pobre ancião. Após reflexão, encontramos apenas um único culpado por essa estranha contaminação: seu original. Aqui, ninguém tem mais dúvida de que o seu original foi impresso num papel impuro.

É verdade: basta o mais leve contato com a pele para detonar uma reação química das mais virulentas. Caso o senhor tenha optado por um papel de má qualidade para fazer economia, acabou dando um tiro no pé. Nós recusamos categoricamente seu original. Não há a menor chance de publicá-lo. E, por outro lado, devemos informar que não podemos devolvê-lo, já que fomos obrigados a queimá-lo para evitar a contaminação de outros funcionários. Desde o fatídico 11 de setembro, ninguém pode ser descuidado, não podemos correr mais riscos. No que lhe diz respeito, quero informar sinceramente que não houve nada de intencional em relação a esse estranho incidente.

Tendo em vista tal infortúnio e as sequelas psicológicas que vitimaram os integrantes de nossa comissão de leitura, solicitamos que o senhor não nos envie mais nada. Nem mesmo se o senhor tiver o bom senso de imprimir seus futuros originais em papel de boa qualidade.

JOVIAL

Caro senhor,

Os membros do júri têm o prazer e o privilégio de conferir o Prêmio Goncourt para... Caiu nessa? Confesse que, por alguns segundos, você acreditou. Imagine só: um autor desconhecido consagrado pelo primeiro romance antes mesmo de sua publicação! O meio literário teria ficado escandalizado. Já imagino as manchetes dos jornais. Você teria vendido meio milhão de exemplares em apenas três semanas...

É só uma brincadeirinha para quebrar o gelo e desanuviar a atmosfera. É claro que nós recebemos seu original e eu o li de cabo a rabo de uma só vez, para me ver livre o mais rápido possível. Não. Brincadeira. Estou mexendo contigo. Eu o examinei cuidadosamente para formar uma opinião abalizada. Mas o que tenho a dizer já não é tão engraçado. Não resta dúvida de que você tem certo talento e até mesmo já começa a expressar os primeiros balbucios daquilo que poderia ser qualificado de "estilo próprio". Contudo, forçoso reconhecer que seu romance não foi bem amarrado. Não somos a editora indicada para o seu caso. E, no que diz respeito ao Prêmio Goncourt, creio que você ainda terá que esperar um pouco mais... Todavia, não desanime. Escrever é, antes de tudo, um exercício de humildade. Se você quiser, podemos conversar mais longamente a esse respeito. Taí, eu o convido para o café-da-manhã nesse próximo domingo... Brincadeira! Caso fosse necessário convidar para nossa casa todos os escritores estreantes cujos originais recusamos, minha mulher já teria me posto para fora de casa há tempos.

Vamos lá! Coragem e boa sorte! Você pode submeter seu original a outras editoras, isso não nos incomoda em absoluto. Vale a pena tentar a sorte, você pode encontrar alguém disposto a editar seu livro, muito embora eu ache que isso é muito pouco provável. Para terminar, permita-me um pequeno conselho: caso você decida retrabalhar seu romance, introduza bastante humor na narrativa. Todo mundo gosta de uma boa piada de vez em quando.

Sucesso e, sobretudo, não deixe de sorrir.

ESPANTADO

Senhor,

Por essa realmente ninguém esperava e os membros de nossa comissão de leitura estão nada mais nada menos que estupefatos. Nós recebemos o pacote que nos enviou numa segunda-feira, assim sem mais, sem qualquer aviso prévio e sem a menor preparação. Ao abri-lo, encontramos uma caixa e, dentro desta, um bolo de papel amarrado como um monte de linguiças. Espantados, com as mãos trêmulas, tratamos de ler o quanto antes seu original. Mas, desde as primeiras linhas, fomos nocauteados por seu estilo. Cada página era como uma bofetada desferida a sangue-frio sem qualquer motivo aparente. Ficamos tão chocados que nenhum de nós ousou ler a coisa até o fim. Desestabilizados e arrasados, não tivemos outra escolha a não ser atirar tudo no lixo. Isso mesmo: destruímos seu original. Diante das circunstâncias, era a única coisa razoável a fazer. Sua história nos atropelou como uma locomotiva. Isso não é normal, meu senhor. Peço um favor em benefício de toda a humanidade: pare de escrever antes que as coisas tomem um rumo ruim.

CONSTRANGIDO

Senhor,

Temo ser o portador de uma má notícia. Aconteceu um pequeno incidente que lhe diz respeito. O manuscrito que o senhor nos confiou para análise acabou indo parar no... depósito de lixo. O responsável pela limpeza de nosso escritório jogou inadvertidamente no lixo uma pilha de manuscritos que eu deixara no chão, ao lado de minha mesa de trabalho. Bem sei que eu deveria ter previsto a possibilidade de uma ocorrência deste tipo. Fui negligente e me penitencio vivamente por essa falta. Por outro lado, creio que o senhor sabe que nós não somos responsáveis pelos manuscritos que nos são espontaneamente enviados. Assim sendo, ouso ter a esperança de que o senhor tenha nos enviado uma simples cópia e não um original.

A boa notícia, no entanto, é que nós não havíamos recusado seu romance. Mas, infelizmente, é tarde demais para submeter a nós qualquer outro manuscrito para análise esse ano, pois já selecionamos todas as obras que serão publicadas no próximo ano. Naturalmente, resta sempre a possibilidade de nos reenviar seu manuscrito ano que vem. Isso, claro, desde que disponha de outra cópia... Quem sabe, pode ter mais sorte da próxima vez?

Peço uma vez mais que o senhor me desculpe.

BUROCRÁTICO

Senhor,

Agradecemos que o senhor tenha produzido esse original e o tenha submetido a nós para exame. Este ofício lhe comunica o resultado da avaliação realizada e indica que esse resultado **não foi favorável à publicação do seu livro.**

Em caso de desacordo com tal decisão, existem quatro possibilidades, abaixo relacionadas.

1. O senhor pode solicitar (por escrito) uma cópia do relatório de avaliação.
2. O senhor pode solicitar (por escrito) uma revisão da avaliação. Neste caso, é preciso contar com um prazo de espera variando entre seis a oito meses.
3. O senhor pode entrar em contato direto (sempre por escrito) com um membro de nossa equipe de seleção e avaliação de manuscritos para solicitar uma entrevista.
4. O senhor pode contestar o resultado dessa avaliação. Para tanto, é preciso preencher o formulário apropriado, de onze páginas, que enviaremos para o senhor assim que recebermos uma solicitação (por escrito) nesse sentido.

O senhor deve manifestar seu descontentamento com nossa avaliação em uma das seguintes datas: um ano após a data limite de eventual edição de seu original; ou noventa dias após a data de postagem do presente ofício de recusa. Tendo em vista a grande quantidade de documentos que cabe a nós processar, solicitamos resumir seus argumentos contestatórios da forma mais breve e concisa possível. Os pedidos de revisão considerados excessivamente prolixos serão automaticamente devolvidos aos solicitantes. Assim, em seu próprio benefício, explique claramente a razão de sua contestação, anexando todo e qualquer documento passível de fundamentar essa iniciativa. Caso o senhor tenha recebido mais de uma recusa, indique claramente para qual delas é solicitada revisão. Caso o senhor não saiba de que (quais) decisão (decisões) deverá apelar, verifique seu caso (por escrito) com o responsável pelo seu dossiê.

EM CASO DE MUDANÇA: queira nos comunicar com a maior brevidade possível. Essa comunicação pode ser feita por via postal (carta ou telegrama), por fax ou por e-mail, porém sempre por escrito. Comunicações telefônicas não serão aceitas. Tendo a precaução de nos comunicar a mudança de seu domicílio, o senhor terá a garantia do recebimento de suas solicitações de reavaliação.

ARQUIVE o presente documento para mantê-lo como referência.

Agradecemos a compreensão.

ANTONINE MAILLET[3]

Caro senhor,

Imagine que eu tenha recebido vosso manuscrito. Agora, é um tanto ou quanto difícil dizer, mais a meio caminho de minha leitura, ocorreu como se meu interesse houvesse se volatilizado de repente. Não vos direi que vosso estilo de palavreado tenha me espantado, mas não saberíamos como publicar vossa história. Tenho certeza de que o senhor preferiria ter sabença da verdade de uma só vez e não em estilo conta-gotas. Não é notícia agradável, mas também não é razão suficiente para se lamentar e se humilhar diante de todo mundo. Qual seria a serventia de uma atitude de tal semelhança? Não foi para prejudicá-lo que tomamos essa decisão. Não se preocupe, nada temos contra o senhor como pessoa, apenas não gostamos de vossa escritura.

Ainda que eu tenha o hábito da lida com novos autores e esses não me metam medo, que poderia eu fazer com vosso manuscrito? Estou toda embaraçada. Eu gostaria que o senhor visse o que eu vi. Relendo vosso manuscrito, o senhor verá bem o que estou querendo dizer. De sua história, necessidade não temos! Além do que ela é mais velha que o Exílio.[4]

Obrigado de qualquer forma por ter pensado em nós.

---

[3] Dramaturga e escritora acadiana (canadense de expressão francesa), nascida em 1929, e única personalidade não-européia a ganhar um Prêmio Goncourt. A tradução tentou ser fiel, na medida do possível, ao estilo característico do francês por ela empregado. (N. do T.)

[4] Em francês, *Grand Dérangement* de 1755, o exílio dos acadianos, quando viveram cerca de três décadas de dificuldades antes de encontrarem uma forma de acomodação com os imigrantes de origem inglesa, dando origem ao Quebec. (N. do T.)

INVERTIDO

Sehnor,

Nós subtememos vosos manusricto à comisãos de leutira de nossa editroa. Ele foi doli com gandre atenção, mas lantemamos infromar que não oif retiod para pucablição.

Nós agracedemos a confinaça demonsdatra a nosos reseipto.

Queria rebecer, raco sehnor, a experssão de nosos melohers senitemtons.

DISLÉXICO

Caro senhor,

Bevo bizer que recebi seu manuscrito há vários meses. Ocorre que, para manter o controle be tubo, não tenho uma comissão be leitura, sou o único leitor be tubo que me enviam. O que explica a razão beste atraso na resposta. Bevo abmitir que o estilo be sua prosa e a qualibabe be sua história me agrabaram muito be início. Tobavia, bevo reconhecer também que seu texto não corresponbe aos meus critérios de ebição. Creio que o senhor abinda não se beu conta bisso, mas o senhor tenbe a exagerar no uso bas letras "b" e "d". O senhor faz isso be propósito, beliberabamente ou o quê? Além be ser beselegante, isso cansa besnecessariamente o bistinto leitor. Por que essa cisma com algumas letras? Bifícil entender, mas o fato é que isso rebuz bastante suas oportunibabes de ebição. E vou logo abvertinbo: não abianta bizer que sou injusto e ficar se lamentanbo bisso, como tobos os outros. Já estou farto bessa bifamação caluniosa. Eu não tenho nenhum problema be aprenbizado e bigo e repito: nunca troquei o "d" pelo "b", sucebe no entanto que tenho profunba aversão por essas buas letras banabas e besgraçabas. Além bo que, isso não mubaria naba ba becisão que tomei em relação ao seu manuscrito. Com "d" ou com "b" bá no mesmo: bigo não e não bigo mais naba.

Abeus.

FEMINISTA

Senhor,

Estamos, sem dúvida, diante de um equívoco. O senhor nos enviou um manuscrito que, apesar da escrita correta, não corresponde em absoluto aos nossos critérios editoriais e também não pertence ao tempo presente. Basta a simples leitura do primeiro capítulo para perceber sua posição acerca dos papéis que a mulher deve desempenhar em nossa sociedade. Devo advertir, com toda a honestidade, que seu pensamento se ampara em princípios de vergonhoso arcaísmo. Como o senhor tem o desplante de relegar os personagens femininos de seu manuscrito a papéis tão insípidos quanto degradantes? Meu senhor, a época da secretária submissa e da enfermeira discreta já acabou faz tempo! O senhor permanece preso a um passado ultrapassado e inadequado e nunca será capaz de encontrar leitoras para um romance tão desrespeitoso em relação às mulheres. Não sei se vive isolado numa ilha ou escondido numa caverna, mas com certeza o senhor não tem a menor idéia do que está se passando no mundo de hoje. Um conselho: saia de seu buraco e venha constatar até onde as mulheres chegaram. Isso lhe seria de grande serventia, pois o senhor precisa urgentemente limpar a espessa camada de poeira que encobre suas idéias.

INSISTENTE

Senhor,

Temos em mãos o manuscrito que o senhor nos enviou. Contudo, após uma primeira avaliação, posso lhe assegurar que ele não corresponde ao gênero, ao pensamento, aos critérios, à doutrina, à visão, aos valores, à espiritualidade, às qualidades, aos modelos, ao tipo, ao caráter, à linhagem, ao jeito, à apresentação, à classe, à categoria e ao estilo de prosa privilegiado por nossa editora.

Além do mais, a história que o senhor conta é demasiado longa, demasiado densa (em alguns trechos, rala demais), os personagens são excessivamente numerosos, a violência é insuportável, a vulgaridade exagerada, a narrativa é incoerente, o desenvolvimento é improvável, o começo é lento demais, o final é previsível demais. O conjunto carece de originalidade e o todo é francamente decadente. Para que fosse possível considerar a publicação dessa obra, seria preciso primeiramente que o senhor obtivesse pleno domínio do fazer literário, eliminasse os anglicismos, revisse a construção, a sintaxe e a pontuação, além de retrabalhar a estrutura, corrigir os erros de ortografia, de gramática, e, finalmente, que revisasse inteiramente o manuscrito, da primeira à última linha.

Agradecendo a confiança que o senhor depositou em nossa editora, esperamos que essas poucas recomendações possam ser de utilidade para o desenvolvimento de seu trabalho criativo.

DESINTELIGÊNCIA

Caro senhor,

Que prazer experimentar as delícias de sua prosa e se deixar acariciar pelo doce veludo da camada de poesia que recobre sua narrativa. Desde as primeiras linhas, o leitor sensível não tem outra opção, a não ser a de ser tocado pelo calor arrebatador de seus personagens. Sua história corre tão tranquila quanto uma nascente de água pura e, aqui e ali, somos delicadamente sacudidos por pequenos redemoinhos que aguçam nossa curiosidade e aguçam a vontade de conhecer o desdobramento da ação. A beleza de sua heroína, mulher sublime de olhar enfeitiçador e pele diáfana, já nos seduz. Não bastasse isso, escutar sua voz sussurrando ao ouvido do amante palavras de amor, que tombam de seus lábios como gotas douradas de mel, nos deixa trêmulos de felicidade. Não há nenhum reparo que possa ser feito a uma obra em que a escrita é tão fina quanto um fio de seda.

Infelizmente, sou o único integrante de nossa comissão de leitura que se sensibilizou com sua prosa. Meus estimados colegas – esses quatro ignorantões, incapazes de diferenciar uma obra de arte de um pernil – rejeitaram unanimemente seu manuscrito. Bem sei que eles me chamam pelas costas de amante de romances ultrapassados, e tais calúnias não me surpreendem da parte desse bando de pós-modernos de merda. Devo confessar que trabalhar com gente tão limitada acaba criando antagonismos profundos. Assim, tendo em vista o tratamento injusto que eles reservaram ao seu manuscrito, não tive outra escolha a não ser a de encaminhar uma reclamação formal ao nosso conselho administrativo. Tão logo essa contenda tenha fim, eu espero, com toda a sinceridade, ter a possibilidade de viabilizar seu projeto editorial.

REDUNDANTE

Caro senhor, caro amigo,

Nós recebemos o manuscrito, o texto que você nos enviou, que você submeteu a nossa equipe. Nós o lemos com muita atenção, com muito cuidado. Você tem talento, tem potencial, é evidente, é inegável. Todavia, como dizer, como explicar? É delicado, é embaraçoso. Nossa comissão de leitura é aberta, é tolerante, mas... Não há o que fazer: seu manuscrito não agradou, não gostaram dele. Sei que é duro, que é difícil, mas é a verdade, é a realidade. Não vá concluir, no entanto, que nossa posição, nossa decisão, seja um julgamento, um veredicto final. Uma recusa, uma rejeição não implicam necessariamente que seu manuscrito não tenha interesse ou qualidades. Nada disso, absolutamente não. Sucede apenas que, no momento, sua obra ainda não está pronta, ainda não está no ponto ideal para publicação.

Queira aceitar, receber, a expressão de nossos sentimentos os melhores e os mais distintos.

Boa sorte e bom trabalho.

Um amigo

Recebi teu texto (espero que você não se aborreça com o tratamento informal, pois entre homens de letras podemos nos permitir tal familiaridade). Eu o encaminhei para a comissão de leitura e, prefiro dizê-lo logo, de uma vez, eles não o apreciaram. Ficou muito decepcionado?

Veja bem, não é o fim do mundo. Você é jovem, esse é teu primeiro livro, é normal que isso aconteça. Espero que essa pequena rejeição não vá te desestimular e bloquear tua imaginação. Sei que esse é o tipo de coisa que não tem graça e que, mesmo sendo a primeira vez, nos derruba. Pelo menos você pode se consolar pensando que não esperou longos meses por uma resposta. Pelo menos isso foi bom, não é mesmo? Aqui as coisas funcionam assim. Não deixamos os autores sofrendo no escuro durante meses a fio. Nossa intenção é a de lançar livros que possam fazer uma diferença. Infelizmente, teu manuscrito neste campo é um pouco *déjà vu*. Tem qualidades, mas não aquelas que procuramos. Você compreende?

Bom, tenho que te deixar, pois há trabalho à minha espera. Boa sorte e, sobretudo, não se desencoraje.

Tudo de bom e um forte abraço.

De um colega que te quer bem.

PLAGIADO

Senhor,

Sinto muito, minha memória talvez esteja um tanto ou quanto falha, mas o fato é que tenho a impressão de já ter lido seu original. É possível que nós nos conheçamos? É estranho. Seu romance, essa história de amor impossível, estou certo de já ter lido algo de muito similar, anos atrás. Não o estou acusando de nada, estou apenas ponderando. Mas caso o senhor possa me esclarecer melhor a respeito da origem de seu manuscrito, isso contaria a seu favor. Como ouso eu levantar suspeitas a respeito da autenticidade de seu manuscrito, perguntaria o senhor. Sou editor, meu trabalho é o de publicar livros, tenho mais de trinta anos de carreira às minhas costas. É possível que eu tenha lido em demasia e esteja confuso? É possível. Contudo, sei muito bem fazer a diferença entre algo verdadeiro e algo falso. É o seu primeiro romance, você nunca publicou nada e, no entanto... Não deixa de ser estranho o fato de cada uma de suas frases acender uma lembrança em minha memória. Sei que corro o risco de ofendê-lo, mas nessas circunstâncias, enquanto essa dúvida subsistir em meu espírito, fico na impossibilidade de publicar seu livro. Você tem todo o direito de procurar outra editora; eu permaneço paralisado pela dúvida. Lamento, meu senhor, mas sou incapaz de ajudá-lo.

O senhor pode submeter seu manuscrito a outra editora. Mas eu me sinto na obrigação de advertir: estou de olho no senhor, pois estou cada vez mais convencido de que esse romance não é de sua autoria.

DIFICULDADES TÉCNICAS

Prezado senhor,

Recebemos o manuscrito que o senhor nos enviou. É provável que esteja impaciente em receber nosso veredicto. Nada mais natural, já que o senhor o aguarda há bastante tempo. O senhor está consciente do fato de que raramente publicamos novos autores. Ainda assim, teve coragem de tentar a sorte e isto é muito meritório de sua parte. Infelizmente, tememos ser obrigados a decepcioná-lo. Não há dúvida de que o senhor fez bem a sua parte, escrevendo um livro suficientemente original. Ainda assim, nós nos encontramos na obrigação de recusar seu manuscrito. O senhor precisa compreender que, hoje em dia, para conseguir ser publicado é preciso se destacar do pelotão. O senhor está a um passo de conseguir isso, mas ainda falta aquela pequena camada de verniz capaz de diferenciá-lo dos outros. Sobretudo, não vá se desencorajar com nossa recusa, pois dentro de alguns anos o senhor verá certamente um de seus romances em lugar de destaque nas vitrines das melhores livrarias.

Queira acreditar na sinceridade de nosso pesar e na expressão de nossos sentimentos mais cordiais.

MALCHEIROSO

É possível farejar de longe que seu manuscrito não cheira bem. Basta ler algumas poucas linhas para que nos suba ao rosto um odor acre que incomoda e indispõe. Essa violência fétida e esse perfume de ódio que cega seus personagens são praticamente insuportáveis. Emana das suas descrições um odor que transtorna e serve apenas para afastar os leitores. Os integrantes de nossa comissão de leitura, apesar de acostumados a ler as coisas mais abjetas, tiveram que se esforçar para superar a mais profunda das aversões, para suportar esse fedor imundo que escorre da cada página. Essas emanações fétidas de fundo de lata de lixo que o senhor se empenha em descrever nos mínimos detalhes seriam capazes de exterminar o mais experiente dos trabalhadores dos esgotos de Paris. Suas considerações podres e o miasma fétido de sua imaginação servem apenas para provocar ânsias de vômito e espantar os leitores.

Faça-nos um favor: no futuro, se abstenha de nos enviar manuscritos cujo odor de bosta seja tão sufocante quanto insuportável.

VERSOS LIVRES

O escritor
ambicioso
com a cabeça
cheia de esperança
e o talento modesto
tendo seu romance
terminado

e a inaceitável recusa do manuscrito
por um editor
implacável.

MENOR

Senhor,

Para resumir: nós recusamos seu manuscrito, porque ele nos parece ser de importância secundária. Da maneira como está escrito, seu romance pertence às artes menores. Não chegamos a ponto de qualificá-lo de insignificante, mas não temos outra opção a não ser a de relegá-lo a segundo plano. Em suma, o senhor é um escritor de terceira categoria que teve a coragem (ou a ingenuidade, segundo o ponto de vista) de tentar tratar de temas que estão acima do pouco talento de que dispõe. O senhor tem toda a liberdade de nos julgar injustos, brutais e, até mesmo, malévolos, mas deve reconhecer que temos ao menos o mérito de dizer as coisas como elas são, sem subterfúgios. Que fazer? O senhor é pequeno. Essa é a vossa natureza. Não há de que se envergonhar, basta aceitar essa condição.

Quem muito contempla o cume das montanhas acaba tropeçando nas pedras do caminho.

INSENSÍVEL

Escute, meu senhor,

Não sei se alguém o encorajou a escrever, mas uma coisa é certa: essa pessoa perdeu uma boa oportunidade de ficar calada. Você escreve tão mal que não resisti à tentação de ler alguns trechos em voz alta para os colegas da editora. Nós nos mijamos de tanto rir. É verdade, não estou exagerando, rimos tanto que chegamos a ficar com a barriga doendo. É verdade que despejam toneladas de manuscritos ruins aqui na editora, mas, ainda assim, trabalhos tão péssimos quanto o seu são raros. Todavia, fui gentil com você. Para evitar futuras oportunidades de humilhação, tomei a liberdade de destruir o seu original. Deixar circular aquela porcaria entre os editores corresponderia a assinar sua sentença de morte como escritor. Mas, quem sabe, pode ser tarde demais?

Seja como for, não tenho nada a ver com isso. Você é livre para fazer o que quiser, quem sou eu para meter o bedelho em seus negócios? Foi você quem pariu esse aborto da natureza e agora tem que assumir a responsabilidade por ele. Contudo, se eu fosse você, não tentaria outra vez. Aposente a caneta, queime seus escritos e mantenha-se bem longe da literatura. Isso será melhor para todos. E, sobretudo, pare de enviar esse tipo de original para os editores. Um dia você acabará se deparando com alguém malvado que não hesitará em jogar a verdade na sua cara. Você vai ver, uma crítica ruim pode ferir profundamente.

PASCAL QUIGNARD[5]

Senhor,

O senhor tem bom domínio do idioma. Seu estilo não é destituído de sentimento. Sua prosa é elegante e caprichada. O senhor escreve com a mesma agilidade de um contador de casos numa noitada animada. Li seu manuscrito com muita atenção, mas, infelizmente, não escutei música. Tal reserva não tem nada de pessoal, comunico apenas uma constatação. O senhor é capaz de fazer rir com sua escrita. O senhor é até mesmo capaz de impressionar as pessoas sensíveis e os corações delicados. O senhor faria fortuna. Receberia recompensas por suas proezas. O senhor viveria cercado de livros e de escritos, mas, nem por isso, seria um escritor. O senhor tem um coração para sentir? Tem um cérebro para pensar? O senhor tem a idéia do que pode ser a utilidade das palavras quando não se trata apenas de divertir o povo ou de se pavonear diante de um bando de amadores de romances cor-de-rosa? O senhor tem talento e consegue fazer com que as palavras executem piruetas sobre as páginas brancas sem que nunca percam o equilíbrio, mas o senhor é um escritor medíocre. Um mero rascunho saído das mãos de Victor Hugo está mais próximo da literatura que todas as páginas juntas de seu original.

Adeus, senhor.

---

[5] Prêmio Goncourt de 2002, Pascal Quignard (nascido em 1948) é considerado um dos mais sofisticados autores franceses da atualidade. Dele a Rocco publicou: *O salão de Wurtzemberg*, *A ocupação americana*, *Todas as manhãs do mundo* e *Ódio à música*. A presente carta de recusa foi inspirada livremente em *Todas as manhãs do mundo*, numa referência aos vinte anos de trabalho de Quignard como editor na Gallimard. (N. do T.)

FUSÃO

Senhor,

Recebemos seu manuscrito, mas lamentamos informar que ele não foi selecionado para publicação por nosso departamento de marketing. Desde junho último, nossa editora se fundiu com uma editora multinacional. Redundou dessa associação uma total revisão de conteúdo. Visando rentabilizar o mais rapidamente possível nossos livros, estamos nos concentrando cada vez mais em biografias de celebridades, de personagens da vida cultural ou da política. Livros infantis, livros de culinária e aqueles que tratam de espiritualidade e autoaperfeiçoamento irão ocupar de agora em diante um lugar cada vez maior em nosso catálogo. Contudo, estamos abertos para examinar relatos de vida ou testemunhos de pessoas desconhecidas que revelem escândalos financeiros ou dramas humanos. Operações de salvamento espetaculares e vidas fora do normal nos interessam muito. A travessia do deserto em bicicleta por um ciclista cego e com apenas uma perna é um belo exemplo do tipo de livro passível de nos interessar.

Como o senhor pode constatar, nossa preferência vai para os relatos baseados em experiências reais. Em outras palavras, caso o senhor tenha sido currado, vítima de violência física ou sexual, participante de incesto ou de qualquer outro tipo de perversão sexual, nós estaremos dispostos a examinar seu manuscrito. Além disto, caso o senhor tenha tido problemas com o consumo excessivo de álcool ou de drogas, isso também poderia nos interessar. O senhor sabe como é: hoje em dia, o sofrimento e a miséria alheia vendem bem.

Agradecemos sua compreensão e aguardamos o prazer de poder relê-lo.

ENFÁTICO

Meu caríssimo senhor,

É com intensa alegria e um entusiasmo transbordante, comparáveis apenas à felicidade dos recém-casados no dia do enlace, que nós recebemos, já se vão vários meses, vosso manuscrito para análise. Foi igualmente com a tenacidade de um garimpeiro e o rigor do cientista concentrado em suas pesquisas que procedemos ao exame minucioso e completo de vosso relato. Percorremos, com a curiosidade de um arqueólogo explorando pela primeira vez o interior de uma pirâmide egípcia, cada uma das páginas de vossa obra, com o intuito de descobrir nela a força e as qualidades indispensáveis aos livros que editamos. Sem recuar diante de nenhum esforço, sem temer nenhum perigo, os membros infatigáveis e devotados de nossa comissão de leitura, esses nômades da prosa, sempre à espreita do *mot juste* e da prosa sem falhas, desbravaram vosso texto linha após linha para localizar seu sentido e sua originalidade. Infelizmente, o hermetismo de vossa escrita, tal qual um submarino escondido nas profundezas de um oceano longínquo, deixou os membros de nossa comissão impassíveis. Diante desse mutismo, desse silêncio, dessa ausência de abertura, nós ficamos na impossibilidade de chegar até o coração de vossa narrativa. A quem, ao que, devemos atribuir esse fracasso? A vossa ausência de inspiração, de trabalho, de disciplina, de rigor, de imaginação, de audácia, de originalidade? Ou simplesmente a uma obra imatura? O debate está aberto. Todavia, podemos vos assegurar que caso o senhor decida persistir e que não deixe que vossas aspirações criativas sejam podadas pelas recusas e pelas armadilhas que se erguerão à vossa frente, lhe será dada a oportunidade de descobrir que a literatura, assim como o Everest, deve ser escalada etapa por etapa.

Portanto, nós o instamos vivamente a submeter vosso manuscrito a outras editoras que, certamente, terão mais habilidade que nós para descobrir vosso talento, que escapou ao nosso escrutínio.

CONDICIONAL

Senhor,

Estou desolado, mas, tal como está escrito, seu manuscrito não tem a menor possibilidade de ser publicado por nós. Para ser editado hoje em dia é preciso preencher todas as condições exigidas pelo mercado. Em outras palavras: o senhor tem que definir seu público-alvo e fazer tudo para agradá-lo. Quero crer que esse é seu primeiro romance. Estou certo? O senhor me parece ser uma pessoa simpática, de modo que vou lhe conceder alguns conselhos. Em primeiro lugar, vou devolver seu manuscrito sem nenhum comentário. Vou fazer melhor que uma simples crítica, vou lhe revelar as sete condições que devem ser preenchidas para que o senhor alcance o sucesso como escritor. O senhor verá, é uma fórmula infalível para a vitória.

Condições

Nº 1. O amor – O senhor pode escrever o que bem entender, mas, no mundo inteiro, o que as pessoas querem é ler histórias de amor. Essa é uma verdade insofismável. No que diz respeito a esse quesito, o senhor está no bom caminho.

Nº 2. A sensualidade – O senhor deve injetar, aqui e ali, um pouco de erotismo para despertar os sentidos de seus leitores. Veja bem, eu disse um pouco, pois, se exagerar na dose, estará correndo o risco de chocar e não de entusiasmar.

Nº 3. O herói – Para conquistar o coração e a fidelidade das leitoras (que constituem a maioria dos consumidores de livros), é preciso inserir a figura de um herói na narrativa. Ele deve ser, a um só tempo, belo, grande, forte, viril e carinhoso. Bem sei que esse tipo de homem não existe, mas isso não tem a menor importância. Lembre-se: o objetivo é vender livros.

Nº 4. A religião – Por caridade: mantenha-se o mais longe possível de todo e qualquer conceito religioso. Se você incorrer no erro de favorecer um profeta em detrimento de outro, correrá o risco de chocar as almas sensíveis e de acabar com uma *fatwa*[6] na cabeça. Obterá enorme sucesso, mas será obrigado a viver escondido num armário pelos próximos dez anos. O que é bastante desagradável.

Nº 5. A política – É um pouco como a religião, basta favorecer um partido para ter nas costas um bando de fanáticos dispostos a lhe arrancar o couro. Seja inteligente, nunca opine a respeito da atualidade política.

Nº 6. As descrições – Atenção! As intermináveis descrições de paisagens, de temperatura ou da psicologia de um personagem devem ser abolidas. Vá direto ao assunto. Seu propósito é o de vender livros e não o de se tornar um novo Zola.

---

[6] Uma *fatwa* é um pronunciamento legal que um especialista em lei religiosa islâmica pode emitir sobre qualquer assunto específico. Neste caso, a referência óbvia é a *fatwa* lançada pelo aiatolá Khomeini em 1989 recomendando a execução sumária do escritor Salman Rushdie em virtude da publicação do livro *Versos satânicos*, considerado pelo aiatolá uma "blasfêmia contra o Islã". (N. do T.)

Nº 7. O número de páginas – Esse é um ponto de simples compreensão: hoje em dia as pessoas são apressadas e quando avistam um livro de mais de trezentas páginas fogem correndo. É preciso ser breve e conciso. Caso o senhor não consiga obedecer a essa regra, é melhor dividir o livro e publicar uma trilogia. Mesmo que o assunto seja suficiente apenas para um único livro, as pessoas acabarão comprando os dois outros por curiosidade. As pessoas gostam de comentar que leram três livros durante o verão. Isso é considerado elegante e lhes dá a impressão de serem cultas.

Ei-lo diante das portas do sucesso. Basta obedecer a essas condições e o senhor verá como sua carreira irá decolar.

HAICAI

Nasce um manuscrito!
As frágeis palavras despertam.
O gládio se ergue e mata.

NOVATO E RABUGENTO

Mas o que vem a ser isso? Será que isso é possível? Toda semana é a mesma ladainha: estou tranquilo em meu canto, cuidando das minhas tarefas e um desgraçado me aparece para jogar meia dúzia de manuscritos sobre a mesa dizendo: "Senhor Paul, o senhor poderia ler tudo isso e nos apresentar um relatório detalhado na segunda-feira?" Eles vão ver que tipo de relatório eu vou fazer! Quando penso que na entrevista de emprego eles me asseguraram que o trabalho de leitor não era cansativo... "É fácil, você vai ver. É como tirar doce de criança." Só podem estar de sacanagem. Um prisioneiro num campo de trabalhos forçados trabalha menos que eu. Além do que, seu livro é deprimente. Nem vou comentar a respeito das frases longas e dos parágrafos intermináveis, pois isso seria longo demais... Diga-me uma coisa, de onde você tirou essa mania de advérbios? Parece até que você ganha por advérbio colocado. Eles estão em toda parte, parece uma obsessão. Para ser totalmente sincero, devo dizer que li apenas quatro páginas do seu livro e o detestei. É bem verdade que os romances históricos enchem o saco.

Bom, vamos lá. Já é tarde e tenho que dormir. Ah! Já ia esquecendo: se alguém me disser que recusei seu livro porque sou mau-caráter, darei uma porrada nos cornos dele. Fui claro?

Tchau, boa-noite!

RELIGIOSO

Senhor,

Em sua infinita bondade, nosso Criador todo-poderoso foi muito bom com o senhor. Ele lhe deu saúde, curiosidade intelectual, disciplina, capacidade de trabalho e o gosto pelas coisas do mundo da arte. Deu tudo isso, mas não o aquinhoou com o dom da escrita. O senhor escreve, não há dúvida, pois o original que nos enviou constitui uma prova tangível disto. Contudo, infelizmente, a capacidade de alinhar palavras no papel não faz de ninguém um escritor. A história que o senhor relata se sustenta, e é fácil identificar a personalidade dos personagens e acompanhar a intriga, mas, no conjunto, o que o senhor nos apresenta é uma concha vazia. A ausência daquela luz do amor que permite ao leitor rumar em direção a Deus é absoluta. O senhor sabe, somos ovelhas desgarradas do rebanho de Deus. Estamos todos em busca da verdade e do sentido profundo e misterioso da vida. É precisamente esse sentimento do divino que falta ao seu original. Assim, caso publicássemos sua obra, estaríamos colocando uma pedra a mais no muro de ateísmo que se ergue em toda a parte mundo afora. Olhe ao seu redor e veja com os próprios olhos o triste resultado de um mundo sem fé: em toda a parte o sexo, as drogas e a violência provocam grandes estragos entre os jovens. Chegamos ao ponto em que se toleram os casamentos entre pessoas do mesmo sexo! Que abominação!

Retome seu manuscrito e ore. Sim, ore para encontrar seu caminho. O caminho que nos conduzirá rumo a um mundo melhor. Quando o senhor tiver enveredado pelo bom caminho, aí sim será capaz de usar seu talento e sua escrita para ajudar a erradicar as pragas que maculam a beleza dos homens e fazem esquecer a vontade de Deus.

Vá, siga em paz, que Deus o acompanhe e guarde.

ENIGMÁTICO

Senhor,

O mínimo que se pode dizer a respeito de seu manuscrito é que é estranho. Essa história de amor que não chega a lugar nenhum, esses diálogos intermináveis, esse estilo cirúrgico, esse tom e todos esses personagens periféricos nos deixam curiosos de saber de onde saiu tudo isso. Como o senhor conseguiu escrever algo tão curioso?

Veja bem, seu manuscrito não é destituído de interesse, mas é tão diferente e único. Seu livro é perturbador, tão singular, e misterioso do princípio ao fim. Nunca vimos nada igual. Alguns membros de nossa comissão de leitura chegaram a se perguntar como o senhor foi capaz de manter o ritmo durante todas essas páginas. Isso deve ter demandado um grande esforço. Mas por que tornar o todo indecifrável? Por que tanto esforço para produzir uma obra tão obscura? Fizemos as maiores conjecturas, mas o enigma persiste, o problema continua insolúvel e a questão continua no ar: qual é o sentido do seu livro? Nós tivemos apenas uma vaga idéia. É evidente que ninguém ousará publicar uma obra tão inclassificável. Existe um público para esse gênero de literatura? Caso exista, será certamente reduzido demais para que se possa esperar qualquer margem de lucro.

Nessas circunstâncias, nos sentimos desolados, mas o senhor deve compreender que é impossível publicar seu manuscrito. Reconhecemos a originalidade de sua busca, mas não conseguimos entender qual é seu propósito.

Queira aceitar, prezado senhor, a expressão de nossos melhores sentimentos.

NOSTÁLGICO

Senhor, as notícias são ruins.

Não se engane. Examinamos seu manuscrito com o máximo de atenção, da primeira à última página. Encontramos em sua obra as marcas de um relativo talento e algumas inequívocas qualidades, de forma tal que dois dos integrantes de nossa comissão de leitura a defenderam acaloradamente. Então, por que a recusa? O problema é outro e é bem provável que eu seja o único culpado. Veja o senhor, eu sou de outra época, de outro tempo. Seu romance é uma obra do tempo presente, possuidora de todas as características daquilo que qualificamos de modernidade. Estamos todos de acordo a esse respeito. É precisamente aí que reside o drama de minha vida de editor: malgrado o fato de mergulhar na pilha de manuscritos que nos chegam com entusiasmo verdadeiramente adolescente, não consigo mais reencontrar nela a alegria que me alimentou durante cinquenta anos. Estou nostálgico, senhor, eu sinto saudades dos grandes estilistas de nossa língua e daqueles romances que fluíam como rios, transbordantes de descrições e de detalhes, capazes de atravessar diversas gerações. Sinto falta dessas obras de uma forma dolorosa. Será que a nobre linhagem dos grandes escritores se extinguiu de vez? Sim, eu sei que essa época áurea já passou e que já não se escreve mais desta forma nos dias que correm. Além do que, parece que o público não seria mais sensível a essa literatura que chamam de "empoeirada". É uma pena, uma grande pena. Hoje em dia a elegância e a sutileza são sinônimos de cafonice. É algo ultrapassado. As pessoas preferem a sexualidade desavergonhada, a vulgaridade absoluta e as emoções extremas. Tudo deve ser "extremo". Sei que não há mais lugar para os dinossauros da literatura de minha espécie, mas eu me obstino, permaneço agarrado à grande prosa como outros se agarram ao bom Deus. É por isso que publicamos poucos livros. Sou puro demais, difícil demais e, com certeza, estou cavando a própria falência. Mas, que posso fazer se não consigo me desapegar de meus princípios? Amo os livros, os belos livros e os autores que os escreveram. Como seria possível não amar Montaigne, Chateaubriand, Stendhal, Lamartine, Balzac, Flaubert, Proust e todos os outros grandes? Lamento, mas nasci no seio dessa literatura e continuo vivendo em seu seio, onde morrerei provavelmente sozinho.

Não desperdice seu tempo conosco, procure outra editora mais suscetível de se interessar por seu original. O senhor pertence ao tempo presente, eu permaneço obstinadamente preso ao passado.

Adeus, senhor, e boa sorte.

CONTRADITÓRIO

Senhor, Senhora,

Li inteiramente seu manuscrito. Quer dizer, inteiramente, é modo de dizer, pois o que fiz de fato foi dar umas espiadelas aqui e ali para extrair o essencial. No conjunto, o trabalho me parece bem-sucedido. Contudo, em certos trechos também é (perdoe minha franqueza) muito ruim. Apesar disso, a intriga está bem costurada, mesmo que, infelizmente, diversos capítulos tenham me parecido descosidos e incoerentes. O senhor tem o mérito de ter escrito um longo romance. É deplorável que hoje em dia a concisão esteja na moda. Para encurtá-lo, o senhor poderia cortar alguns dos personagens secundários, muito embora seu talento seja o de traçar em poucas linhas o retrato vívido dos personagens inseridos na trama. É isso! Pensando bem, é melhor não alterar uma linha sequer de seu original, pois o senhor correria o risco de quebrar o ritmo e danificar a estrutura. Apesar do fato de os maiores escritores (coisa que o senhor talvez ignore) não hesitarem em cortar, suprimir, retalhar ou reescrever parágrafos, ou até mesmo páginas inteiras, de seus livros durante o processo de edição.

Não, pensando bem, lamento, mas não temos condições de publicar seu romance. Não se desencoraje por isso. Caso o senhor tenha outros projetos em andamento, não se acanhe em enviá-los para nós. Estamos saturados de manuscritos e raramente publicamos autores novos, mas nunca se sabe.

Queira receber a expressão de nossos respeitosos sentimentos.

INCOMPREENSÍVEL

Senhor,

Nossa comissão de leitura tomou conhecimento de vosso manuscrito e, infelizmente, não teve boa opinião a respeito. Com o fito de evitar toda e qualquer confusão a esse respeito, permita-me explicar as razões que redundaram nessa opinião desfavorável. Em primeiro lugar, há essa impressão (voluntária ou não) de atemporalidade que conduz o leitor a um estado de confusão mental que acaba impossibilitando toda e qualquer forma de prazer. Solapado pelas imponderabilidades, o leitor se encontra na impossibilidade de retificar essa tangente que ludibria o senso ético e moral de vossos personagens. É evidente que a onipresença do fracasso torna a ligação emocional difícil, para não dizer impossível. A inadmissibilidade de todas as formas de ternura é, por si só, uma categórica recusa do princípio de reciprocidade. Esse resvalar tendencioso se aproxima perigosamente de um pernicioso reflexo que, de modo geral, se traduz numa ausência total de qualquer forma de tendências estetizantes.

Em virtude dessas razões evidentes, devemos dizer que nossa editora não é a mais adequada para a publicação de vosso livro.

Queira, estimado senhor, acreditar na expressão sincera de nossos sentimentos de pesar, assim como na certeza de nossos votos cordiais.

Senhor,
Acabamos de receber seu manuscrito e agradecemos vivamente a confiança depositada em nossa nova editora. Submetemos seu texto à nossa comissão de leitura para avaliação e, infelizmente, chegamos à conclusão de que não podemos publicá-lo nesse momento. Todavia essa decisão não tem nada a ver com a qualidade de seu manuscrito. Veja bem, a subvenção governamental que nos foi concedida para subsidiar nossas atividades editoriais ainda não foi liberada. Estamos numa situação bastante delicada,

pois funcionamos com recursos muito modestos e, com toda honestidade, não há como cortar mais os custos.
Enquanto essa verba do governo não for liberada, continuaremos a seco.
Ainda ontem estivemos no Ministério da Cultura para tentar descobrir um meio de liberar essa verba, e assim que essa questão for resolvida, teremos possibilidade de voltar a pensar em literatura.
Até breve e muito obrigado pela paciência!

GRAMÁTICO

Senhor,

Tenho dificuldades em saudá-lo, tamanho é o embaraço provocado por seu manuscrito. Como seria possível a um editor sério publicar um texto tão deficiente em termos de estrutura quanto de sintaxe? Sua obra tem algumas qualidades romanescas, mas, infelizmente, está talhada de erros de ortografia, de frases mal construídas e de hipérboles duvidosas. Estou de acordo em reconhecer que a imaginação é um dos componentes essenciais de um bom romance. Todavia, durante o ato de transposição desse imaginário para o papel, é preciso saber escrever com eficiência. Pelo visto, o senhor desconhece algumas das regras gramaticais mais elementares. Portanto, caso esteja seriamente interessado em se tornar escritor um dia, eu o encorajo vivamente a reler seus manuais escolares e a obedecer fielmente às regras da grande arte. Faça pouco de meu conselho e o senhor estará fadado a repetir perpetuamente os mesmos erros.

Um conselho para seu próprio bem: arregace as mangas e retome os estudos da norma culta da língua enquanto ainda é tempo.

FALTOU BEM POUCO

Senhor,

Como diz a canção, *faltou bem pouco* para que nós selecionássemos seu manuscrito. Caso o livro tivesse dois ou três capítulos a menos e alguns personagens mais bem desenvolvidos, nós o teríamos publicado. Contudo, para que brincar de cinema, para que fazer comédia, o senhor fingiria acreditar? Realmente, com que cara ficaríamos? Já posso até ouvir os comentários: "Isso é uma droga, como ele conseguiu ludibriar essa editora, normalmente tão séria?"

Não seja tolo e entenda: caso nós tivéssemos vinte anos de idade como o senhor, nós o cobriríamos de promessas impossíveis de cumprir. Mas se o senhor soubesse a quantidade de rugas que nos separam, nunca teria pensado em submeter a nós esse manuscrito para análise. Daqui mesmo da minha mesa de trabalho, posso ver seu sorriso tornando-se amarelo antes de se apagar por completo, mas não é minha intenção contristá-lo. Não, absolutamente. Imagine como seria sua vida depois que um crítico implacável o comparasse a um palhaço decadente fazendo sua última aparição no picadeiro. Pense bem, com que cara você ficaria? Já posso até ouvir os comentários.

Será certamente outro editor que o convidará a tomar um expresso num restaurante da moda para lhe comunicar a boa-nova.

Com toda a sinceridade, faltou bem pouco...

DESINTERESSADO

Senhor,

Tentei, honestamente, ler alguns capítulos do manuscrito que o senhor nos enviou. No entanto, queira me desculpar, pois provavelmente eu estava com a cabeça em outra parte, mas não consegui fixar nada daquilo que li. Caso o senhor queira me deixar essa cópia, é possível que, com o passar do tempo, seu trabalho consiga despertar meu interesse. Mas, no momento, isso não acontece. Veja bem, de modo geral eu costumo manifestar muito mais entusiasmo por um novo projeto. Falo sério, o senhor seria surpreendido caso conhecesse meu dinamismo habitual. Só que agora... como dizer? Acho que estou esvaziado. Não sei se é a sua história, o tema ou simplesmente o estilo, mas não consigo me interessar. Não creia que se trata de indiferença, pois não é o caso. Amo minha profissão e a exerço com profissionalismo e disciplina. Contudo, que fazer se ao cabo de uma dúzia de páginas não consigo mais fixar a atenção e não tenho mais interesse em prosseguir com a leitura? Esse distanciamento repentino é desalentador, porém o senhor deve entender que, nessas circunstâncias, não vale a pena insistir.

Seu manuscrito não despertou a paixão indispensável para conduzir à publicação. Estou desolado, mas foi isso o que ocorreu.

Adeus e boa sorte.

MAL-ENTENDIDO... PARTE DOIS

Meu caro senhor,

Desculpe-me importuná-lo, mas faz um bom tempo que não tenho notícias suas, de modo que me pergunto se está tudo em ordem. O senhor deve estar se perguntando quem sou eu. É verdade que nós nunca tivemos contato pessoal, contudo, de forma indireta, nos conhecemos um pouco. Alguns meses atrás o senhor nos enviou um original que desejava publicar. O senhor se recorda do número 20 da rua Vaugirard? Sou eu, seu negociante de utilidades domésticas.

Eu não ousava escrever, mas minha esposa, Viviane, me convenceu, pois ela gostou tanto da sua história que queria ler outras. Eu também, devo admitir. Gostei tanto dessa história de amor que acabei começando a ler romances, depois de vinte anos lendo somente os policiais de Simenon. Minha esposa já achava que eu era um caso perdido, mas veja o senhor o que um simples erro de postagem pode provocar. Veja que sorte: caso o senhor tivesse escrito o número certo no envelope, nós nunca teríamos descoberto sua obra...

Por falar nisso, temos um pequeno pedido a fazer, Viviane e eu. Nós gostaríamos de ler outro trabalho de sua autoria. Caso o senhor tenha um novo romance, ou até mesmo um velho manuscrito que nunca tenha sido publicado, nós teremos o maior prazer em ler. Não se acanhe, envie-nos o que o senhor quiser. Nós não somos difíceis e o senhor conhece nosso endereço. Aguardamos notícias suas.

Para encerrar, uma novidade: imagine o senhor que, depois de ler seu romance, acabei escrevendo uma pequena novela no último inverno. Nada comparável ao seu romance, é claro, foi apenas uma historieta para aquecer os músculos, mas pelo visto ela se sustenta. A prova: o primeiro editor para o qual a enviei a adorou e a publicou nesse outono numa coleção intitulada A pluma verde. Nada mal para uma primeira tentativa, não é mesmo? Bom, deixo-o com essa boa notícia, e envio minhas melhores saudações.

Com toda a amizade de seu devotado comerciante da rua Vaugirard.

CONCLUSÃO

Aí está! Um belo retrato, não é verdade? Você continua decidido a persistir escrevendo e a tentar ser publicado um dia? Eu o preveni: o meio editorial não presta. Não há lugar nele para os fracos e os corações frágeis. Os golpes chovem de todas as partes e, com frequência, são golpes baixos. Já era mais que tempo que alguém se atrevesse a denunciar o genocídio que ocorre no campo literário. Ao denunciar esses atores do mundo das letras me arrisquei muito e, provavelmente, condenei a um fim prematuro minha carreira de escritor. Minha própria vida pode estar em perigo (lembre-se do paranóico, esse sujeito é capaz de tudo), mas não me arrependo de nada. Mesmo porque, para todas essas pessoas, eu não passava de um pária do mundo das letras, de modo que eu não tinha nada mais a perder. Estou desgostoso dos romances e das palavras e não pretendo escrever nem mais uma única linha. Vou tratar de reconstruir minha vida e tudo o que desejo é que as páginas que você acabou de ler possam ajudar a alertar um jovem escritor iniciante a respeito do perigo que ele está correndo sem saber.

Esse livro pode ser considerado a um só tempo meu testamento e minha única contribuição para a literatura.

Este livro foi impresso na Editora JPA Ltda.
Av. Brasil, 10.600 – Rio de Janeiro – RJ
para a Editora Rocco Ltda.